卷首语

《最新法律文件解读》是一套以为最新法律规范提供同步“解读”为主的系列丛书，分为刑事、民事、商事、行政与执行4个分册，按月出版。

本丛书以“解读”为重点，突出全、专、新、快、准等特点，通过对最新出台的法律、法规、司法解释、部门规章以及重要地方性法规进行同步动态解读，弥补了法律、法规、司法解释汇编类出版物没有同步阐释、解读内容的不足，为广大读者学习理解最新法律规范，正确贯彻执行法律文件，及时解决实践中的新情况、新问题，提供一个全方位、多层面的法律信息平台。

为规范和加强人民法院民事再审审查工作，保障当事人申请再审权利，依法公正高效审查各类民事申请再审案件，推动民事再审审查工作科学发展，最高人民法院于2011年1月6日至7日召开第一次全国民事再审审查工作会议。上一辑的《民事法律文件解读》我们刊登了《第一次民事再审审查工作会议纪要》，本辑我们特邀最高人民法院立案庭的相关负责人对《会议纪要》进行解读，供读者参考。

《江西省高级人民法院关于审理网络侵权纠纷案件适用法律若干问题的指导意见（试行）》的发布，在社会上引起了重大反响。本辑我们邀请江西省高级人民法院民一庭的相关负责人对其进行解读，以期对读者有所裨益。

图书在版编目(CIP)数据

民事法律文件解读. 总第80辑/奚晓明主编. —北京:人民法院出版社,2011. 11
(最新法律文件解读丛书)
ISBN 978-7-5109-0333-5

Ⅰ. ①民… Ⅱ. ①奚… Ⅲ. ①民法-法律解释-中国 ②民事诉讼法-法律解释-中国 Ⅳ. ①D923. 05②D925. 105

中国版本图书馆CIP数据核字(2011)第232694号

民事法律文件解读. 总第80辑
主编 奚晓明

责任编辑 肖瑾璟
出版发行 人民法院出版社
地　　址 北京市东城区东交民巷27号 邮编 100745
电　　话 (010)67550562(责任编辑) 67550558(发行部查询)
65223677(读者服务部)
网　　址 http://www.courtbook.com.cn
E-mail courtpress@sohu.com
印　　刷 北京人卫印刷厂
经　　销 新华书店
开　　本 787×1092毫米 1/16
字　　数 140千字
印　　张 8
版　　次 2011年11月第1版 2011年11月第1次印刷
书　　号 ISBN 978-7-5109-0333-5
定　　价 16.00元

责任编辑　肖瑾璟

电　　话　(010)67550562

邮　　箱　courtbook@163.com

目　录

法律、法律性文件与解读

全国人民代表大会常务委员会

关于批准《中华人民共和国和阿尔及利亚民主人民共和国关于民事和商事司法协助的条约》的决定

（2011年6月30日第十一届全国人民代表大会常务委员会第二十一次会议通过）

第十一届全国人民代表大会常务委员会第二十一次会议决定：批准2010年1月10日由外交部部长杨洁篪代表中华人民共和国在阿尔及尔签署的《中华人民共和国和阿尔及利亚民主人民共和国关于民事和商事司法协助的条约》。

附：

中华人民共和国和阿尔及利亚民主人民共和国关于民事和商事司法协助的条约（中文本）

中华人民共和国和阿尔及利亚民主人民共和国（以下称双方），

在相互尊重主权和平等互利的基础上，为加强两国在司法领域的合作，达成协议如下：

第一章 总 则

第一条 司法合作的义务

双方承诺应对方请求相互提供民事和商事司法协助。

第二条 司法保护

一、一方国民在另一方境内，在人身权利和财产权利方面应当享有与另一方国民同等的司法保护。

二、一方国民有权在与另一方国民同等的条件下，在另一方法院进行诉讼。

三、本条第一款和第二款的规定亦适用于在任何一方境内依该方法律成立的法人。

第三条 诉讼费用担保

一、一方对于另一方国民，不得因为该人系外国人或者在其境内没有住所或者居所而要求该人提供诉讼费用保证金和任何名义的担保存款。

二、本条第一款的规定亦适用于在任何一方境内并依该方法律成立的法人。

第四条 法律援助和诉讼费用

一、任何一方国民在另一方境内，在遵守另一方法律的条件下，有权享有与另一方国民同等的法律援助或者诉讼费用减免。

二、如果申请人在一方境内有住所或者居所，应当由该方主管机关出具申请人的经济困难证明；如果申请人在第三国有住所或者居所，应当由申请人所属国在第三国的外交或者领事代表机关出具该证明。

三、负责提供法律援助或者作出诉讼费用减免决定的主管机关可以要求提供补充材料。

第五条 联系途径

一、除本条约另有规定外，双方应当通过中央机关提出和答复司法协助请求。

中央机关在中华人民共和国方面为司法部，在阿尔及利亚民主人民共和国方面为司法部。

二、任何一方如果变更其对中央机关的指定，应当通过外交途径通知另一方。

第六条　司法协助适用的法律

双方应当根据各自本国法律执行司法协助请求，但是本条约另有规定的除外。

第七条　司法协助的范围

本条约规定的司法协助包括：

（一）送达司法文书；

（二）调查取证；

（三）承认与执行法院裁判文书以及仲裁裁决；

（四）交换法律资料；

（五）不违背被请求方法律的其他形式的协助。

第八条　司法协助的拒绝

一、被请求方如果认为提供司法协助将有损本国的主权、安全或者公共秩序，或者被请求的合作超出本国司法机关的职权范围，应当拒绝提供司法协助。

二、被请求方应当将拒绝的理由告知请求方。

第九条　司法协助请求的形式和内容

一、司法协助请求应当以书面形式提出，并包括下列内容：

（一）提出请求的司法机关；

（二）必要时，被请求的司法机关；

（三）诉讼涉及的人员的姓名、身份、国籍以及住所或者居所，法人的地址；

（四）必要时，当事人代理人的姓名和地址；

（五）请求的事项和所附文件；

（六）请求涉及的诉讼的性质和案情摘要；

（七）执行请求所需的其他材料。

二、在送达裁判文书的情况下，如果裁判文书未写明上诉期限和途径，应当在请求书中说明请求方法律规定的上诉期限和途径。

三、被请求方如果认为请求方提供的材料不足以使其根据本条约的规定执行请求，可以要求请求方提供补充材料。

第十条　书面联系的文字

司法协助请求书及其辅助文件，应当使用请求方的文字，并附英文译文。

第十一条　司法协助的费用

一、被请求方应当负担执行请求所产生的费用，但是请求方应当负担下列费用：

（一）有关人员按照本条约第十八条的规定，前往、停留于和离开请求方的费用和津贴，这些费用和津贴应当根据费用发生地的标准和规定支付；

（二）按照特殊方式执行请求的费用；

（三）鉴定的费用；

（四）翻译，包括笔译和口译的费用。

二、请求方应当根据要求，预付由其承担的费用。

三、如果执行请求明显地需要超常性质的费用，双方应当协商决定执行请求的条件。

第二章　送达司法文书和代为调查取证

第十二条　执行送达司法文书的请求

一、被请求方应当按照本国法律规定的方式送达司法文书。

二、在不违背本国法律的情况下，被请求方应当按照请求方明示要求的特殊方式送达司法文书。

三、被请求机关如果无权执行请求，应当将该项请求移送有权执行的主管机关，以便执行。

四、被请求方如果无法执行请求，应当将请求书及其辅助文件退回请求方，并说明妨碍送达的原因。

第十三条　通知送达司法文书的结果

被请求方应当将送达结果书面通知请求方，并附由受送达人签名并注明日期的送达回证，或者送达机关出具的说明送达行为、方式和日期的证明。如果受送达人拒绝签名或者拒收，应当在送达回证或者证明中说明。

第十四条　调查取证的范围

双方法院可以在民事和商事方面相互请求代为进行必要的调查，包括代为询问当事人、证人和鉴定人，代为调取证据，以及代为进行鉴定和司法勘验。

第十五条　调查取证的执行

一、代为调查取证应由被请求方司法机关按照本国法律规定的程序在其境内执行。

二、被请求机关应当根据请求机关的明确要求，采取如下措施：

（一）在不违反本国法律的情况下，按照特殊方式执行调查取证；

（二）及时通知请求方执行调查取证的日期和地点，以便有关当事人或者其代理人根据被请求方的法律到场。

三、被请求机关如果无权执行调查取证，应当将该项请求移交有权执行的机关。

四、在不能执行请求的情况下，被请求方应当将请求书及其辅助文件退还请求方，并告知无法执行的原因。

第十六条　送达司法文书或者调查取证时确认地址

一、如果司法协助请求涉及的人员的地址不完全或者不正确，被请求方中央机关仍应当接收该请求。在此情况下，被请求方可以要求请求方提供补充材料，以便确认该人地址。

二、如果仍然无法确定地址，被请求方中央机关应当通知请求方中央机关，并退回请求书及其辅助文件。

第十七条　拒绝作证

一、根据本条约被要求作证的人员，如果被请求方法律允许该人在被请求方提起的诉讼中的类似情形下不作证，可以拒绝作证。

二、如果根据本条约被要求作证的人员主张，根据请求方法律有拒绝作证的权利或者特权，不妨碍取证的进行，但应将该人的主张告知请求方中央机关。

第十八条　在请求方出庭作证

一、请求方可以请求被请求方协助，邀请有关人员作为证人或者鉴定人出庭，并应当告知该人可获得的费用和津贴。

二、被请求方应当将该人的答复迅速通知请求方。

三、请求方应当在不迟于预定的出庭日60天前将要求有关人员在请求方境内出庭作证的邀请向被请求方提出。在紧急情况下，被请求方可以同意缩短该期限。

第十九条　证人和鉴定人的保护

一、请求方对于到达其境内的证人或者鉴定人，不得因该人在入境前的任何作为或者不作为而予以起诉、羁押、处罚或者采取其他限制人身自由的措施，也不得要求该人在请求所未涉及的任何其他诉讼程序中作证，除非事先取得被请求方和该人同意。

二、如果上述人员在被正式通知无须继续停留后15天内未离开请求方，或者离开后又自愿返回，则本条第一款不再适用，但该期限不包括该人因本人无法控制的原因而未离开请求方的时间。

三、如果本条第一款中所述人员拒绝作证，不得对其施加任何处罚，或者采取任何限制其人身自由的强制措施。

第二十条　外交或者领事代表机关的职能

一方可以通过本国派驻另一方的外交或者领事代表机关向在另一方境内的本国国民送达司法文书和司法外文书，但应当遵守另一方的法律，并且不得采取任何强制措施。

第三章 裁判文书和仲裁裁决的承认和执行

第二十一条　承认和执行裁判文书的范围

一、一方应当根据本条约规定的条件，采取措施承认和执行另一方的下列裁判文书：

（一）法院在民事和商事案件中作出的裁判文书；

（二）审理刑事案件的法院就民事权利作出的裁判文书。

二、本条的规定不适用于下列案件中作出的裁判文书：

（一）遗嘱和继承；

（二）破产；

（三）除扶养案件外的临时保全措施。

第二十二条　承认和执行的拒绝

除本条约第八条的规定外，对于本条约第二十一条第一款所述的裁判文书，在下列情况下也可以拒绝承认和执行：

（一）根据裁判文书作出方的法律，该裁判文书尚未生效或者不具有执行效力；

（二）根据被请求方的法律，作出裁判文书的法院无管辖权；

（三）根据裁判文书作出方的法律，缺席的败诉方当事人未经合法传唤，或者无诉讼行为能力的当事人没有得到适当代理；

（四）被请求方法院正在审理相同当事人之间就同一事实和标的提起的案件，或者已经作出生效裁判文书，或者已经承认或者执行第三国法院作出的裁判文书。

第二十三条　承认和执行的程序

一、申请人应当直接向被请求方有管辖权的法院提出承认或者执行的申请。

二、承认和执行应当适用被请求方法律规定的程序。

三、有管辖权的法院应当仅限于审查被请求承认和执行的裁判文书是否符合本条约规定的条件。该法院应当依职权进行审查，并将审查结果写入裁判文书。

四、如有必要，法院在决定承认和执行时，应当采取必要措施，以与本国裁判文书相同的方式公布被承认和执行的裁判文书。

五、被请求方可以全部或者部分承认和执行裁判文书。

六、被承认和执行的裁判文书在被请求方境内应当与被请求方作出的裁判文书具有同等效力。

第二十四条　申请承认和执行应附的文件

一、申请承认或者执行裁判文书的申请人，应当递交下列文件：

（一）经证明无误的裁判文书的副本；

（二）证明裁判文书是终局的文件；

（三）证明已经向败诉方当事人送达裁判文书以及无诉讼行为能力的当事人已经得到适当代理的文件；

（四）如果是缺席裁判，且裁判文书未表明当事人得到合法传唤，证明已传唤缺席当事人出庭的文件。

二、申请书、裁判文书以及上述文件，均应当附有经证明无误的被请求方文字的译文。

第二十五条　仲裁裁决的承认与执行

双方应当根据一九五八年六月十日在纽约联合国大会通过的承认及执行外国仲裁裁决公约，相互承认和执行在对方境内作出的仲裁裁决。

第四章　其他规定

第二十六条　认证的免除

通过本条约第五条规定的途径转递的文件，免除任何形式的认证。文件应当由主管机关签署、盖章。

第二十七条　官方文件的证明效力

一、在一方境内制作的官方文件在另一方境内与另一方相同性质的文件享有同等证明效力。

二、如果有关官方文件的真实性受到质疑，可以请求制作该文件的机关予以核实。

第二十八条　交换资料和文献

双方承诺根据请求，相互交换本条约框架下的法律以及司法实践的资料和文献。

第二十九条　争议的解决

因解释或者实施本条约所产生的任何争议或者任何具体事项，双方应当通过协商解决。

第五章　最后条款

第三十条　批准

本条约须经双方根据各自国内法律程序予以批准。

第三十一条　生效

一、本条约自互换批准书之日起30天后生效。

二、本条约可以经双方书面协议随时予以修订。

三、任何一方可以随时通过外交途径，以书面形式通知另一方终止本条约。本条约自该通知发出之日起180天后终止。

下列签署人经各自政府适当授权，签署本条约，以昭信守。

本条约于二〇一〇年一月十日订于阿尔及尔，一式两份，每份均用中文和阿拉伯文写成，两种文本同等作准。

中华人民共和国代表	阿尔及利亚民主人民共和国代表
外交部长	外交部长
杨洁篪	穆拉德·梅德西

司法解释、司法解释性文件与解读

解读《第一次全国民事再审审查工作会议纪要》[①]

郑学林　刘小飞　谢　勇　张小洁

《中华人民共和国民事诉讼法》（以下简称《民事诉讼法》）修正案施行以来，民事再审审查工作积累了许多经验，也发现了一些问题，主要有各地法院对于民事再审审查的认识和定位还不准确，指导思想不明，机构职能设置不统一，受理条件把握不够准确，审查程序还需明确和规范，再审事由的适用不一致，上下级法院之间的监督指导还需进一步加强等。这些问题影响和制约着民事再审审查工作的科学发展，亟待最高人民法院予以明确。为规范和加强人民法院民事再审审查工作，保障当事人申请再审权利，依法公正高效审查各类民事申请再审案件，推动民事再审审查工作科学发展，最高人民法院于2011年1月6日至7日召开第一次全国民事再审审查工作会议，并在征求各高级人民法院，最高人民法院相关审判部门和全国人大法工委意见基础上，形成了《第一次民事再审审查工作会议纪要》（以下简称《会议纪要》）。2011年4月21日，最高人民法院以法〔2011〕159号文件颁布了《会议纪要》。现就《会议纪要》涉及的主要问题予以说明。

一、民事再审审查工作的指导思想和原则

《民事诉讼法》修正案对审判监督程序作了较大修改，增加规定了申请再审案件的审查程序，为解决长期困扰人民法院的诉访不分、重复审查、审查程序不明等问题提供了法律依据，实现了再审审查程序的法定化。《民事诉讼法》修正案施行以来，各级人民法院采取增设机构、增加审判力量、制定司法

① 文件详见《民事法律文件解读》2011年第7辑。

解释和规范性文件、畅通申请再审渠道等措施，认真贯彻立法要求，依法审查申请再审案件，保障当事人申请再审权，立法修改的目的基本实现。但是，司法实践中还存在着申诉与申请再审不分、再审审查与再审审理关系不明、改判再审标准还是事由成立再审标准不清等问题。为解决上述问题，《会议纪要》明确了民事再审审查工作的性质、任务、基本原则以及再审审查与再审审理的关系。实际工作中应当正确处理申诉与申请再审、再审审查与再审审理的关系，按照沈德咏副院长提出的“及时健全机构，厘清工作职责”的要求，合理确定民事再审审查机构工作职责，配齐配强审判力量，推动民事再审审查工作的顺利开展。

（一）民事再审审查工作的性质和任务

《会议纪要》第1条明确，民事再审审查工作是一项以依法审查再审申请，确定再审事由是否成立，依法作出裁定为内容的民事审判工作。民事申请再审案件管辖调整后，最高人民法院和高级人民法院的民事审判任务发生了重大变化，民事申请再审案件占两级法院民事案件的一半以上，改变了原有的民事审判工作格局。

申请再审与申诉的区别主要有：1. 申诉是《中华人民共和国宪法》（以下简称《宪法》）赋予每一位公民的基本权利，而申请再审是适格当事人才享有的民事诉讼权利；2. 对于民事诉讼而言，申诉是公民在起诉、上诉、申请再审等法定方式之外，对人民法院作出的裁判和诉讼行为发表意见的方式，是人民法院发现错误裁判的途径之一，一般没有条件限制，而申请再审是当事人的诉讼权利，必须符合法定条件，人民法院才受理；3. 对于申请再审的审查有法定的明确程序，而对申诉的审查目前还没有法定程序要求；4. 申请再审的审查是事由审查，当事人的再审申请符合《民事诉讼法》第一百七十九条和第一百八十二条规定的再审事由的即应裁定再审，而《民事诉讼法》没有规定申诉审查的标准，鉴于申诉是人民法院发现错误裁判的途径之一，人民法院发现生效裁判确有错误的，应当依据《民事诉讼法》第一百七十七条的规定裁定再审。“信访”不是当事人依据诉讼法享有的权利，而是依据《宪法》第四十一条的规定对人民法院和法院工作人员行使批评权、建议权、申诉权、控告权或者检举权的方式。《民事诉讼法》明确规定申请再审制度后，申请再审是当事人依法行使诉讼权利的行为而不是“信访”，对再审申请应当依照民事诉讼法的规定进行审查，而非依照有关接待群众信访的规定处理。

民事再审审查工作的重要意义

体现在三个方面：一是人民法院履行审判监督职能的重要方式，二是保障当事人诉讼权利的法定手段，三是启动民事再审程序的主要途径。2008年4月至2010年11月，全国高级人民法院审结140700件民事申请再审案件，其中裁定提审10147件，指令再审16537件，裁定再审率为19%；在裁定再审的案件中，被再审改判、调解以及发回重审的案件，占64.8%。可见，民事再审审查工作已经成为上级人民法院履行审判监督职能的重要内容，有效保障了当事人合法权益。在强调尊重当事人处分权的诉讼法基本原则指引下，当事人依法行使申请再审权实现其合法诉求已经成为启动再审程序的主要途径。

（二）民事再审审查工作的基本原则

《会议纪要》第2条至第4条分别规定民事再审审查工作应坚持平等保护，依法裁定，调解优先、调判结合三项基本原则。

1. 再审审查工作应当坚持平等保护原则

平等原则是民事诉讼法的基本原则。当事人申请再审使生效裁判的效力受到威胁，可能影响到被申请人权利的实现，因此在审查过程中，坚持平等保护有特殊意义。对于申请再审人依法行使申请再审权的，应保障其再审申请获得审查以及其在再审审查程序中的诉讼权利。同时，对于明显滥用申请再审权的行为，如随意更换事由重复申请再审，在原审中怠于行使诉讼权利而在裁判生效后以此为由申请再审，恶意拖延诉讼等行为，也应当进行引导和规范。人民法院应当注重保护对方当事人平等参加审查程序，陈述意见，举证质证，进行辩论，接受合法送达等诉讼权利，全面了解各方当事人主张，保障各方当事人充分参加审查程序，充分行使诉讼权利，以确保裁定的客观公正性，获得当事人对于审查结果最大程度的认同，维护司法的公正性和权威性。

2. 再审审查工作应当坚持依法裁定原则

民事再审审查工作是人民法院一项新的民事审判工作，有的地方在工作中还存在很多老办法、旧思维，对民事诉讼法立法精神把握不准，最突出的问题就是对裁定再审的标准存在错误认识。关于裁定再审的标准，实践中存在法定事由成立、可能改判和确有错误三种不同做法和观点。从审判实践看，各地裁定再审的比例有的超过了30%，有的还不到3%，反映了各地掌握的再审标准不同。依法裁定原则就是强调民事再审审查属于“事由审查”，要围绕当事人提出的法定再审事由进行，事由成立的，就应当裁定再审，这是《民事诉讼法》的明确规定。此外，在坚持事由审查的原则下，处理具体案件时可以适当兼顾实体裁判结果的妥当性。

3. 再审审查工作应当坚持“调解优先、调判结合”原则

民事再审审查工作针对的是案结事未了的社会矛盾，案件数量多、处理难度大、社会关注度高，处理不慎将导致当事人不断申诉上访，不利于社会和谐稳定。因此，在工作中贯彻调解优先、调判结合原则，对于实现案结事了、维护社会稳定具有重要意义。2008 年 4 月至 2010 年 11 月，全国高级人民法院审结的 140700 件申请再审案件中，调撤案件 10538 件，占 7.5%，取得了较好的社会效果。

（三）民事再审审查和再审审理的关系

根据《民事诉讼法》的规定，再审审查和再审审理是审判监督程序中相对独立的程序阶段，二者的审理对象、法律依据、裁判标准、主要功能均不同。审判监督程序可以分为三个阶段：申请再审受理法官负责形式要件的审查，并登记立案，为第一阶段；再审审查法官负责立案后对再审事由是否存在进行审查和并决定是否裁定再审，为第二阶段；对裁定再审案件进行审判，为第三阶段。民事再审审查程序包括上述前两个阶段，民事再审审理则指第三个阶段。再审审查的主要任务是依据再审审查程序对再审申请是否符合法定再审事由进行审查，决定是否裁定再审。民事再审审理的主要任务是依据再审审理程序对进入再审的案件进行审理，确定生效裁判是否确有错误，依法作出再审裁判。再审审查具有权益救济、预防监督、再审过滤、矛盾化解等多重功能，再审审理则主要发挥了纠正错误和化解矛盾的功能。

针对司法实践中存在简单以再审改判率评判再审审查工作质量的问题，《会议纪要》第 5 条专门规定：“不能简单地以再审改判率评判再审审查工作的质量”。主要理由是：1. 民事再审审查是事由审查，应当以再审事由是否成立为标准，而不应以应当改判或可能改判为标准。有些案件符合法定再审事由，依法应当裁定再审，但实体处理不一定错误，未必改判。故再审改判率难以全面反映再审审查工作的质量，不能将其与审查工作质量划等号。2. 目前有的法院对裁定再审标准认识不统一，未能准确把握民事诉讼法的立法精神，以改判作为裁定再审标准，简单以再审改判率来评判再审审查工作质量的情况比较突出，有必要进行规定。3. 本条规定并非绝对否定再审改判率与民事再审审查工作质量的联系，仅是强调不能简单以再审改判率评判民事再审审查工作的质量，而应辩证看待二者之间的关系。

二、民事申请再审案件受理中的主要问题

（一）对方当事人申请再审的处理

《会议纪要》第7条规定了除申请再审人外的当事人申请再审的处理。对方当事人在不同时间段申请再审，处理方式不同：

1. 在审查案件过程中，对方当事人申请再审的处理。人民法院在审查申请再审案件过程中，被申请人或者其他当事人提出符合条件的再审申请的，应将其列为申请再审人，对于其再审事由一并审查，审查期限重新计算，不需再编立新的案号。经审查，其中一方申请再审人主张的再审事由成立的，人民法院即应裁定再审。部分当事人主张的再审事由成立，其余当事人主张的再审事由不成立的，在裁定书中载明部分当事人主张的再审事由成立，对于其余当事人主张的再审事由是否成立不作结论。各申请再审人主张的再审事由均不成立的，一并裁定驳回。

2. 再审审理期间，对方当事人申请再审的处理。一方当事人申请再审经人民法院裁定再审后，被申请人或其他当事人在再审审理期间提出再审申请的，不再进行审查，移送再审审理机构处理。

3. 再审审理结束后，对方当事人对原裁判申请再审的处理。被申请人或其他当事人在前案再审结束后对原裁判申请再审的，告知其可针对新作出的再审裁判主张权利。

（二）当事人向原审人民法院申请再审的处理

《会议纪要》第9条规定了当事人向原审人民法院申请再审的处理。根据《民事诉讼法》第一百七十八条的规定，当事人不服发生法律效力的判决、裁定的，可以向上一级人民法院申请再审。当事人向原审人民法院申请再审的，原审人民法院应当先做好释明工作，向当事人解释清楚裁判的理由，分析其再审事由是否可能获得支持，尽力过滤一批案件。原审人民法院释明过程中，发现本院的裁判确有错误，需要再审的，应依照《民事诉讼法》第一百七十七条的规定裁定再审。

（三）受理工作中常见的不符合申请再审条件的情形

《会议纪要》第10条规定了当事人的再审申请不符合法定条件的处理。本条所称法定条件指的民事申请再审案件的受理条件，而非再审申请得到人民法院支持，裁定再审的条件。如上文所述，审判监督程序可以分为三个阶段。申请再审受理法官负责形式要件的审查，并登记立案，为第一阶段。人民法院在该阶段发现当事人的再审申请不符合法定条件的，不应当受理，同时应向当事人说明不予受理的理由，做好释明工作。司法实践中，受理申请再审案件后才发现再审申请不符合法定条件的情况也时有出现。《最高人民法院关于适用〈中华人民共和国民事诉讼法〉审判监督程序若干问题的解释》（以下简称《审判监督程序司法解释》）第十九条规定了超过申请再审期间和超出法定事由范围的，应当裁定驳回，没有涉及其他不符合法定条件的情形应当如何处理的问题。对此有裁定驳回再审申请和裁定终结审查两种意见。我们认为，裁定驳回适用于不符合法定条件的再审申请，裁定终结适用于因发生特殊情形审查程序没有必要继续进行的情形。故对于不符合法定条件的再审申请，应当不予受理，如果受理后才发现，阐明理由裁定驳回即可，不必审查再审事由是否成立。

需要明确的是，人民法院受理再审申请后才发现"他人未经授权，以委托代理人名义代理当事人提出再审申请"的，不应裁定驳回，而应当依照《会议纪要》第19条的规定，裁定终结审查。因为，这种情况下假冒代理人提出的再审申请并不代表当事人的真实意思，如果裁定驳回，系驳回当事人的再审申请，损害了当事人利益。因假冒代理人无权提出再审申请，对其再审申请没有必要进行审查，诉讼没有必要继续进行，应裁定终结审查。

为便于各级人民法院在再审审查工作中准确把握申请再审案件的受理条件，《会议纪要》第10条列举了在受理环节较为常见的不符合申请再审法定条件的情形。现就实践中争议较大，缺乏统一认识的问题加以说明：

1. 关于申请再审人的范围问题

根据《民事诉讼法》第一百七十八条和审判监督程序司法解释第五条的规定，有权申请再审的当事人包括生效裁判文书列明的当事人，对判决、裁定、调解书确定的执行标的物主张权利，且无法提起新的诉讼解决争议的案外人，以及上述当事人或者案外人死亡或者终止后的权利义务继受人。实践中争议较大的问题是，受让生效法律文书所确认债权的人是否可以申请再审。针对这个问题，最高人民法院于2011年1月7日发布了法释〔2011〕2号《关于判决生效后当事人将判决确认的债权转让债权受让人对该判决不服提出再审申请人民法院是否受理问题的批复》，明确规定：判决生效后当事人将判决确认的债权转让，债权受让人对该判决不服提出再审申请的，因其不具有申请再审人主体资格，人民法院应依法不予受理。据此，对生效裁判所确定债权的受让人申请再审的，应不予受理，受理后发现的，可以裁定驳回。

2. 关于允许申请再审的裁判范

围问题

有一种观点认为,《民事诉讼法》第一百七十八条规定对发生法律效力的判决、裁定,当事人认为有错误的,可以申请再审,从文义解释看,应当理解为对所有的生效判决、裁定都应允许申请再审,不应当有任何限制。我们认为,如果认为所有的生效判决、裁定都应允许申请再审,显然太过宽泛。如通过特别程序作出的裁判,民事诉讼法采取的是直接作出新判决,撤销原判决的方式,而不是再审。归纳而言,允许申请再审的生效裁判应当符合以下条件:第一,应当是以通常诉讼程序作出的裁判,而不是特别程序、督促程序、公示催告程序、破产程序、执行程序中的裁判。即是为解决双方或者多方当事人民事争议而作出的生效裁判。第二,即使是依据通常诉讼程序作出的生效裁判,法律和司法解释明确规定不得申请再审的,对于当事人的再审申请也不予受理,例如不允许对解除婚姻关系的判决申请再审。为进一步明确这个问题,《会议纪要》第6条专门规定了可以申请再审的裁判范围。

3. 关于申请再审的事由范围问题

当事人申请再审的事由应当符合《民事诉讼法》第一百七十九条和第一百八十二条的规定,当事人未列明法定再审事由或者以法定再审事由之外的理由申请再审的,应当不予受理或裁定驳回。在受理阶段,只要当事人主张的事由是法定事由,即符合此项条件,不必审查该事由是否成立。当事人既可以一项事由申请再审,也可以多项事由申请再审,只要其中一项成立,即应裁定再审。实践中争议较大的一个问题是,当事人再审申请被驳回后,又以新的再审事由再次申请是否应当受理。对此,在实际工作中,人民法院应当严格审查新的事由是否有证据支持,当事人对于未在上一次申请时一并提出是否有合理理由,防止当事人滥用权利,过于随意的重复申请再审。

4. 关于在受理阶段对申请再审期间的审查

《民事诉讼法》第一百八十四条规定的申请再审期间不适用中止、中断、延长的规定,是申请再审权存续的绝对期间。该期间的起算点是裁判送达时间。因裁判文书的送达时间仅凭裁判文书落款日期难以确定,因而在受理环节,对于经形式审查认为不符合期间要求的再审申请,应当告知申请再审人,限期要求其提交生效裁判文书的送达回证复印件或其他能够证明裁判文书实际生效日期的相应证据材料。

三、民事申请再审案件的审查

(一) 审查方式

《会议纪要》第13条规定了在审查当事人提交的再审申请书、书面意见后直接作出裁定，在审阅原审卷宗或者询问当事人后作出裁定三种审查方式。对于再审审查方式，需要注意两个问题。一是直接裁定与《民事诉讼法》第一百五十二条规定的径行裁定不同。直接裁定指在审查当事人提交的再审申请书、书面意见后直接作出裁定，是与调卷审查和询问审查相并列的审查方式。而径行裁判是指经过阅卷和调查，询问当事人，在事实核对清楚后作出裁判，是与开庭审理相对应的审判方式。二是本条没有规定听证的审查方式，主要基于以下几点考虑：1.《民事诉讼法》、《中华人民共和国行政诉讼法》、《中华人民共和国刑事诉讼法》以及相关司法解释均未规定听证的审查方式。2. 听证的具体程序以及其与询问、开庭审理的区别均难以界定。听证的内涵和外延不清晰，司法实践中难以把握。而询问既可以询问一方当事人，也可以询问双方当事人，当事人可以在询问过程中进行质证、辩论，必要时还可以让相关部门参加，其形式更为灵活，可以替代听证的功能。3. 听证是行政法上的制度，主要适用于行政机关作出行政许可、行政处罚等具体行政行为，而非诉讼法上的制度，不能体现民事诉讼当事人主义的特点。虽然《会议纪要》中没有规定听证的审查方式，但各级人民法院在实际工作中仍可对听证审查方式作进一步探索。

（二）审查中达成和解的程序

调解工作在民事再审审查工作中具有十分重要的地位，但民事诉讼法及相关司法解释没有规定再审审查期间当事人达成和解协议的处理程序。故《会议纪要》第16条专门规定了再审审查期间当事人达成和解协议的处理办法：1. 当事人达成和解协议请求人民法院出具调解书的，可先裁定提审，由审查该申请再审案件的合议庭制作调解书，将提审裁定和调解书一并送达当事人。由同一合议庭裁定提审后出具调解书，有利于把握调解时机、提高调解效率，也是目前普遍采用的做法。此外，处分原则是民事诉讼法基本原则，当事人有权处分自己的权利，在这种情况下裁定提审的原因是当事人达成了和解协议而非当事人申请再审的事由成立，故提审裁定不必写明再审事由。2. 当事人达成和解协议后撤回再审申请，人民法院经审查不违反法律禁止性规定的，应制发准予撤回再审申请裁定，不必制发调解书。3. 当事人达成和解协议且履行完毕，未申请撤回再审申请的，可以裁定终结审查。

（三）裁定终结审查的情形

《会议纪要》第19条规定了终结审查的情形。再审审查期间，因出现特殊情况，审查没有必要继续进行时，人民法院应裁定终结审查。与《审判监督程序司法解释》第二十五条相比，《会议纪要》进一步明确了终结审查的几种情形：一是他人未经授权，以委托代理人名义代理当事人提出再审申请的；二是审查期间，人民检察院提起抗诉，依据《审判监督程序司法解释》第二十六条的规定，申请再审人的再审请求应当纳入再审审理范围，申请再审案件没有必要继续进行，应当裁定终结审查；三是上一级人民法院审查过程中，原审人民法院裁定再审的，因案件已经启动再审程序，上一级人民法院审查程序亦应当终结。

四、再审事由的认定

（一）判断再审事由的一般原则

《会议纪要》第20条规定了区分类型判断再审事由成立的一般原则。人民法院裁定再审的标准是法定事由成立，而从再审事由立法规定看，不同事由的成立条件不同。本条规定旨在明确对不同类型的再审事由要准确把握其成立要件，正确认定再审事由是否成立。

《民事诉讼法》第一百七十九条规定的再审事由总体上可以分为两类：一类是单纯的违反法定程序的再审事由，即《民事诉讼法》第一百七十九条第一款第（七）项至第（十三）项以及该条第二款规定的再审事由。《民事诉讼法》规定这类再审事由系对原审中的程序违法问题进行监督，是程序正义的体现，只要列举的违反法定程序的事由存在，既应裁定再审，一般不需考虑裁判的证据或者法律适用是否有误。需要说明的是，《民事诉讼法》第一百七十九条第二款规定的“违反法定程序，可能影响案件正确判决、裁定的情形”有两个成立要件：原审违反法定程序，可能影响案件正确裁判。当事人以该事由申请再审时，不仅要审查原审是否存在违反法定程序的情形，还要审查该违反法定程序情形的严重程度是否可能影响案件正确裁判。

另一类是《民事诉讼法》第一百七十九条第一款第（一）项至第（六）项规定的涉及事实认定、法律适用等实体问题的再审事由。判断此类再审事由是否成立，应当审查原生效裁判在证据采信、事实认定、法律适用方面是否存在影响基本事实、案件性质、裁判结果等情形，处理好维护生效裁判既判力与监督纠错、保护当事人合法权益与减少当事人讼累、诉讼公正与诉讼效益之间的关系，准确把握再审事由的成立要件。

（二）未依法回避以及枉法裁判再审事由所涵盖的审判人员的范围

《会议纪要》第26条规定了未依法回避以及枉法裁判再审事由所涵盖的审判人员的范围。实践中对对该问题争议较大，主要有两种意见：第一种意见认为，《民事诉讼法》第一百七十九条第一款第（八）项、第二款规定的“审判人员”包括参加一审、二审、再审程序的审判人员；第二种意见认为，这两项事由中的“审判人员”应限定为参加作出生效裁判审判程序的审判人员，其主要理由是一审由于审判组织不合法可能导致判决、裁定上的错误，已经通过二审程序得到救济，合法的二审程序弥补了一审审判组织不合法等程序问题，双方当事人的争议已经得到了公正、合法的审判。《会议纪要》采纳了上述第一种意见。主要理由是：1. 未依法回避或审判人员在审理本案时有贪污受贿、徇私舞弊、枉法裁判行为是因人民法院过错造成的，对于此类错误，不管发生在哪一次审理程序中，均应纠正，以强化上级法院审判监督力度，维护人民法院形象，消除当事人疑虑，彻底解决纠纷。2. 二审判决可能会以当事人未提出上诉为由对一审法院的程序性错误不予纠正，且当事人也有可能在二审之后才发现一审审判组织存在的问题。如果对上述问题不严格审查，不利于保护当事人合法权益。

（三）遗漏或超出诉讼请求事由的认定

《会议纪要》第27条规定了遗漏或超出诉讼请求事由的认定标准，征求意见过程中对该问题争议较大，争议焦点在于遗漏或者超出诉讼请求是否包括生效裁判之前审理程序中的问题，该问题是否为法院应当依职权审理的事项。对此有两种意见：第一种意见为原判决、裁定遗漏或超出诉讼请求的情形，包括遗漏或超出一审原告的诉讼请求、被告的反诉请求，二审上诉人的上诉请求，申请再审人的再审请求。主要理由是：遗漏或超出诉讼请求是人民法院依职权审查事项，一审遗漏或超出诉讼请求，即使当事人没有对此提出上诉，二审法院也应当纠正，否则二审判决即为错误判决，当事人以原判决、裁定超出诉讼请求为由申请再审的，应当支持。第二种意见是原判决、裁定遗漏或超出诉讼请求的情形，是指遗漏或超出作出生效判决、裁定的审理程序中的诉讼请求。主要理由是：一审遗漏或超出诉讼请求，当事人未以此为由提起上诉，说明当事人认可一审裁判对该问题的处理，二审法院应当尊重当事人的处分权，围绕上诉请求进行审理，除非涉及国家利益或公共利益，一般不需依职权审查一审判决是否遗漏或超出诉讼请求。

通过认真研究，《会议纪要》采纳了第一种意见，主要考虑是：1. 一审判决是否遗漏诉讼请求应属人民法院依据职权审查事项，如果一审判决遗漏或超出诉讼请求，即使当事人未就该问题提起上诉，二审法院也应依照法定程序予以审理和纠正；2. 二审判决以一审判决为基础，二审判决对一审判决遗漏诉讼请求的错误没有进行纠正，也是错误的；3. 第一种意见有利于强化再审审查对于一审、二审程序的监督纠错作用，督促一审、二审法院避免发生超出或者遗漏诉讼请求的情形。

五、民事再审审查工作的监督指导

（一）上级人民法院驳回后，原审人民法院依职权再审的处理

《会议纪要》第29条第二款规定了上级人民法院裁定驳回后，原审人民法院依职权再审的处理。该问题在实践中存在争议，主要集中在上级人民法院裁定驳回再审申请后，原审人民法院认为应当依职权再审的，是否需要报请上级人民法院审查，原驳回裁定是否需要撤销。为避免上下级法院之间就同一案件的处理发生冲突，上级人民法院已经裁定驳回的案件，原审人民法院经审判委员会研究认为需要依职权启动再审的，应当报请上级人民法院审查。上级人民法院同意的，原审人民法院可以根据《民事诉讼法》第一百七十七条的规定裁定再审。原驳回再审申请的裁定与依职权启动再审的裁定是依据不同的程序做出，审查标准不同，不必撤销。

（二）关于加强民事再审审查工作指导协调

1. 上级人民法院对下级人民法院的指导

《会议纪要》第30条和第31条对上级人民法院对下级人民法院的指导进行了规定。民事再审审查工作的重要任务之一是审判监督，上级人民法院加强监督指导，对于切实发挥民事再审审查工作的监督纠错职能，保护当事人合法权益，统一法律适用，提高一审、二审法院民事审判工作质量具有重要意义。上级人民法院应创建民事再审审查工作的交流平台，定期通报案件审查结果，各地审查工作情况、辖区内下级法院生效裁判申请再审率、裁定再审率、按期送卷率、按期送达率、再审结果反馈率等工作指标，及时总结共性问题，公布典型案例，强化监督指导。

2. 再审审查和再审审理机构之间的沟通

《会议纪要》第32条对再审审查机构和再审审理机构之间的沟通进行了规定。再审审查和再审审理是审判监督程序的不同阶段，应当加强沟通，建立再审裁判结果反馈机制，对于上级人民法院指令再审的案件，再审法院应当及时把再审裁判报送上级人民法院，对于提审的案件，再审审查部门要主动向再审审理部门了解再审结果，发现、总结工作中存在的问题，不断改进民事再审审查工作。

最高人民法院

关于审判人员在诉讼活动中执行回避制度若干问题的规定

法释〔2011〕12号

(2011年4月11日由最高人民法院审判委员会第1517次会议通过
2011年6月10日公布　自2011年6月13日起施行)

为进一步规范审判人员的诉讼回避行为，维护司法公正，根据《中华人民共和国人民法院组织法》、《中华人民共和国法官法》、《中华人民共和国民事诉讼法》、《中华人民共和国刑事诉讼法》、《中华人民共和国行政诉讼法》等法律规定，结合人民法院审判工作实际，制定本规定。

第一条　审判人员具有下列情形之一的，应当自行回避，当事人及其法定代理人有权以口头或者书面形式申请其回避：

(一) 是本案的当事人或者与当事人有近亲属关系的；

(二) 本人或者其近亲属与本案有利害关系的；

(三) 担任过本案的证人、翻译人员、鉴定人、勘验人、诉讼代理人、辩护人的；

(四) 与本案的诉讼代理人、辩护人有夫妻、父母、子女或者兄弟姐妹关系的；

(五) 与本案当事人之间存在其他利害关系，可能影响案件公正审理的。

本规定所称近亲属，包括与审判人员有夫妻、直系血亲、三代以内旁系血亲及近姻亲关系的亲属。

第二条　当事人及其法定代理人发现审判人员违反规定，具有下列情形之一的，有权申请其回避：

（一）私下会见本案一方当事人及其诉讼代理人、辩护人的；

（二）为本案当事人推荐、介绍诉讼代理人、辩护人，或者为律师、其他人员介绍办理该案件的；

（三）索取、接受本案当事人及其受托人的财物、其他利益，或者要求当事人及其受托人报销费用的；

（四）接受本案当事人及其受托人的宴请，或者参加由其支付费用的各项活动的；

（五）向本案当事人及其受托人借款，借用交通工具、通讯工具或者其他物品，或者索取、接受当事人及其受托人在购买商品、装修住房以及其他方面给予的好处的；

（六）有其他不正当行为，可能影响案件公正审理的。

第三条 凡在一个审判程序中参与过本案审判工作的审判人员，不得再参与该案其他程序的审判。但是，经过第二审程序发回重审的案件，在一审法院作出裁判后又进入第二审程序的，原第二审程序中合议庭组成人员不受本条规定的限制。

第四条 审判人员应当回避，本人没有自行回避，当事人及其法定代理人也没有申请其回避的，院长或者审判委员会应当决定其回避。

第五条 人民法院应当依法告知当事人及其法定代理人有申请回避的权利，以及合议庭组成人员、书记员的姓名、职务等相关信息。

第六条 人民法院依法调解案件，应当告知当事人及其法定代理人有申请回避的权利，以及主持调解工作的审判人员及其他参与调解工作的人员的姓名、职务等相关信息。

第七条 第二审人民法院认为第一审人民法院的审理有违反本规定第一条至第三条规定的，应当裁定撤销原判，发回原审人民法院重新审判。

第八条 审判人员及法院其他工作人员从人民法院离任后二年内，不得以律师身份担任诉讼代理人或者辩护人。

审判人员及法院其他工作人员从人民法院离任后，不得担任原任职法院所审理案件的诉讼代理人或者辩护人，但是作为当事人的监护人或者近亲属代理诉讼或者进行辩护的除外。

本条所规定的离任，包括退休、调离、解聘、辞职、辞退、开除等离开法院工作岗位的情形。

本条所规定的原任职法院，包括审判人员及法院其他工作人员曾任职的所有法院。

第九条 审判人员及法院其他工作人员的配偶、子女或者父母不得担任其所任职法院审理案件的诉讼代理人或者辩护人。

第十条 人民法院发现诉讼代理人或者辩护人违反本规定第八条、第九条的规定的，应当责令其停止相关诉讼代理或者辩护行为。

第十一条 当事人及其法定代理人、诉讼代理人、辩护人认为审判人员有违反本规定行为的，可以向法院纪检、监察部门或者其他有关部门举报。受理举报的人民法院应当及时处理，并将相关意见反馈给举报人。

第十二条 对明知具有本规定第一条至第三条规定情形不依法自行回避的审判人员，依照《人民法院工作人员处分条例》的规定予以处分。

对明知诉讼代理人、辩护人具有本规定第八条、第九条规定情形之一，未责令其停止相关诉讼代理或者辩护行为的审判人员，依照《人民法院工作人员处分条例》的规定予以处分。

第十三条 本规定所称审判人员，包括各级人民法院院长、副院长、审判委员会委员、庭长、副庭长、审判员和助理审判员。

本规定所称法院其他工作人员，是指审判人员以外的在编工作人员。

第十四条 人民陪审员、书记员和执行员适用审判人员回避的有关规定，但不属于本规定第十三条所规定人员的，不适用本规定第八条、第九条的规定。

第十五条 自本规定施行之日起，《最高人民法院关于审判人员严格执行回避制度的若干规定》（法发〔2000〕5号）即行废止；本规定施行前本院发布的司法解释与本规定不一致的，以本规定为准。

解读

《最高人民法院关于审判人员在诉讼活动中执行回避制度若干问题的规定》

罗东川　吴兆祥　石　磊*

为维护司法公正，进一步规范诉讼活动中审判人员的回避行为，最高人民法院依据有关法律规定，并结合人民法院审判工作实际，制

* 作者单位：最高人民法院研究室。

定出台了《最高人民法院关于审判人员在诉讼活动中执行回避制度若干问题的规定》（法释〔2011〕12号，以下简称《规定》）。该规定于2011年4月11日由最高人民法院审判委员会第1517次会议通过，自2011年6月13日起施行。《规定》共15条，对诉讼活动中审判人员自行回避或申请回避的情形、职权回避、当事人及其法定代理人申请回避权利的告知、调解案件的回避问题、审判人员及法院其他工作人员从人民法院离任后担任诉讼代理人或辩护人的限制、对审判人员违反回避规定行为的监督及处分等内容进行了详细的规定。为更好地理解和适用《规定》，现就其制定背景和主要内容说明如下。

一、制定《规定》的背景和过程

审判人员在诉讼活动中严格执行回避规定是现代诉讼制度的基本要求之一，对保障司法公正与程序正义具有重要作用。但目前我国法律上没有统一的诉讼回避规定，关于诉讼回避的规定散见于《民事诉讼法》、《刑事诉讼法》和《行政诉讼法》三大诉讼法的有关规定中，《人民法院组织法》、《法官法》也有一些规定。由于各种原因，有关审判人员诉讼回避的规定差异很大。

2000年，最高人民法院制订了《关于审判人员严格执行回避制度的若干规定》（法发〔2000〕5号，以下简称《回避若干规定》），对审判人员在诉讼活动中执行回避制度作出了统一规定，取得了良好效果。随着近年来审判工作的发展和变化，出现了一些新的情况和问题，《回避若干规定》难以完全满足司法实践的需要。《回避若干规定》在性质上属于规范性司法文件，效力层级比司法解释低。将审判人员在诉讼活动中执行回避制度的相关规定升格为司法解释，有利于提高其法律效力，促进审判人员严格执行回避制度，确保司法廉洁，维护司法公正。审判人员在诉讼活动中执行回避制度的情况和问题也引起了相关部门和社会各界的关注，部分全国人大代表、政协委员和有关部门提出了修订《回避若干规定》的意见和建议。为进一步规范审判人员在诉讼活动中执行回避制度的行为，确保司法廉洁，提高司法公信力，并回应社会各界的关切，最高人民法院审判委员会决定将制定相关司法解释列入2010年最高人民法院司法解释立项计划，由研究室承办。

2010年4月，研究室作为起草部门与有关单位进行了沟通，初步明确了完善审判人员诉讼回避制度要解决的重要问题。同年5月，研究室向上海高院、重庆高院、四川高院、北京二中院等部分地方法院收集了相关审判人员执行回避制度的规范性文件和调研资料。9月，在调研、消化吸收相关资料的基础上，经过反复修改，形成了《关于审判人员执行回避制度若干问题的规定（征求意见稿）》（以下简称《征求意见稿》）。10月，就《征求意见稿》征求了院内19个部门的意见。11月，根据最高人民法院各部门修改意见作了认真修改后，发北京、上海、山东、江苏、广东、湖北等部分高院征求意见。11月15日至17日，在湖北仙桃召开全国部分法院座谈会，对《征求意见稿》进行了进一步座谈论证。经过再次修改后，送全国人大常委会法工委、司法部和部分专家学者征求意见，同时再次送最高人民法院政治部和纪检组、监察室征求意见。根据反馈意见，经反复修改，形成了送审稿，于2011年4月11日由最高人民法院审判委员会第1517次会议通过。根据审判委员会讨论意见，本司法解释定名为《最高人民法院关于审判人员在诉讼活动中执行回避制度若干问题的规定》。

二、《规定》的主要内容

本司法解释是在2000年最高人民法院下发的《回避若干规定》文件的基础上制定的，对《回避若干规定》中经过实践检验比较成熟、符合实际情况的规定尽量予以保留，需要修改的根据新的情况和变化作了适当修改。本解释的新规定主要集中于职权回避有关规定，调解案件的回避规定，诉讼代理人及辩护人违反从业回避规定的处理，审判人员违反回避规定的监督与处分，以及近亲属、离任、原任职法院概念的界定等内容。具体内容如下：

（一）关于诉讼活动中审判人员自行回避或申请回避的情形

本解释分两条对上述情形作出了规定。其中第一条主要是审判人员与案件当事人有近亲属关系或者与案件有利害关系等情形的回避；第二条主要是审判人员违反有关规定，有不正当行为应当回避的情形。上述两种回避情形中，有两个问题需要着重说明：

1. 关于第一条第（五）项中的“与当事人之间存在其他利害关系”如何理解与适用的问题

三大诉讼法均规定审判人员与案件当事人之间存在其他利害关系，可能影响对案件公正审理的，应当回避。但对于“其他利害关系”的内涵和外延，理论上和实践中争议较大。《征求意见稿》曾经根据审判实践和理论观点，对“其他利害关系”作了界定，即是指“与本案当事人或者诉讼代理人、辩护人有师生、同学、同事、战友、邻居等亲密关系，或者有仇恨、敌对关系的”。但在征求意见过程中，大多数意见反映“师生、同学、同事、战友、邻居等亲密关系”以及“有仇恨、敌对关系”等诸多概念仍然比较模糊，其内涵和外延本身无法明确界定，难免挂一漏万，或者导致利害关系认定扩大化的问题。考虑到实践中的复杂情况，对“其他利害关系”的认定应当根据具体情况分析。因此，本解释未对“其他利害关系”作出更为细致的规定。

2. 关于第一条第二款规定的“近亲属”问题。

关于“近亲属”的范围，三大诉讼法及相关法律规定并不一致。刑事诉讼法第八十二条第（六）项规定“近亲属”是指夫、妻、父、母、子、女、同胞兄弟姊妹。《最高人民法院关于执行〈中华人民共和国行政诉讼法〉若干问题的解释》（以下简称《行政诉讼法解释》）第十一条第一款规定的“近亲属”，包括配偶、父母、子女、兄弟姐妹、祖父母、外祖父母、孙子女、外孙子女和其他具有扶养、赡养关系的亲属。《最高人民法院关于贯彻执行〈中华人民共和国民法通则〉若干问题的意见（试行）》（以下简称《民法通则意见》）第12条规定，民法通则中规定的近亲属，包括配偶、父母、子女、兄弟姐妹、祖父母、外祖父母、孙子女、外孙子女。比较而言，刑事诉讼法规定的近亲属范围较窄，而《行政诉讼法解释》列入了“其他具有扶养、赡养关系的亲属”，比较宽泛。回避情形中近亲属范围，应当确定在一个合理的范围，并遵循可能影响对案件公正审理的一般原则。相对而言，《民法通则意见》规定的“近亲属”范围比较适中，适用于回避制度较为妥当。

（二）关于职权回避的情形

本解释第四条增加了职权回避的规定。所谓职权回避，是指法院受理案件后，发现审判人员具有应当回避情形的，当事人没有申请回避，审判人员也没有自行回避，法院依职权决定审判人员回避的制度。我国法律只规定了审判人员自行回避和当事人申请回避两种情形，未规定职权回避。《最高人民法院关于执行〈中华人民共和国刑事诉讼法〉若干问题的解释》（以下简称《刑事诉讼法解释》）第二十六条首次规定了职权回避制度，该条规定：“应当回避的人员，本人没有自行回避，当事人和他们的法定代理人也没有申请其回避的，院长或者审判委员会应当决定其回避。”根据当前执行回避制度的现状，增加职权回避制度，作为审判人员自行回避和当事人申请回避的补充，由法院加强对审判人员是否自行回避的监督，以确保司法公正，提高司法公信，十分必要。因此，本解释参考《刑事诉讼法解释》的规定，在第四条对职权回避作出了明确规定。

（三）关于调解案件的回避规定

本解释第六条对人民法院调解案件如何执行回避制度作了规定：“人民法院依法调解案件，应当告知当事人及其法定代理人有申请回避的权利，以及主持调解工作的审判人员及其他参与调解工作的人员的姓名、职务等相关信息。”这是新增加的内容。人民法院调解案件也应当执行回避制度的理由：第一，司法调解是重要的诉讼制度，是人民法院行使审判权的重要方式。人民法院调解案件，也将对当事人的权利义务产生直接的、重要的影响，因此必须依法进行，依法保障当事人申请回避的权利。第二，司法实践中，少数审判人员利用诉讼调解，办理“人情案、金钱案、关系案”的情况也时有发生，如果诉讼调解中不严格执行回避制度，等于为违法行为打开了一个缺口，因此在诉讼调解活动中引入回避制度十分必要。第三，有利于提高调解的质量。将回避制度引入诉讼调解活动中，对于提高人民法院调解案件的质量，确保调解的合法性，维护司法公正的形象，具有十分重要的作用和意义。

（四）关于审判人员的离任回避

本解释第八条是关于审判人员离任回避的规定。本条有三个问题需要说明：

1. 关于审判人员在原任职法院离任回避问题

这个问题在实践中争议较大，焦点问题为审判人员离任后在原任职法院担任诉讼代理人或者辩护人是否仅受“二年”限制。有两种观点：第一种观点认为，根据《法官法》第十七条第二款的规定，法官从人民法院离任后，不得担任原任职法院办理案件的诉讼代理人或者辩护人。也就是说，审判人员从人民法院离任后，无论时间多久，都不得担任原任职法院审理案件的诉讼代理人或者辩护人。第二种观点认为，依据《律师法》第四十一条的规定，曾经担任法官、检察官的律师，从人民法院、人民检察院离任后二年内，不得担任诉讼代理人或者辩护人。但法官从人民法院离任二年后，是否可以担任原任职法院审理案件的诉讼代理人或者辩护人律师法没有作出限制。也就是说，审判人员从人民法院离任二年后，是可以担任原任职法院审理案件的诉讼代理人或者辩护人的。

我们认为，在2001年修订的《法官法》与2007年修订的《律师法》之间不存在冲突的情形下，法官法有关规定应当继续适用，也就是说《法官法》第十七条第二款的规定仍有法律拘束力。因此，审判人员从人民法院离任后，无论是否超过“二年”，都不得担任原任职法院审理案件的诉讼代理人或者辩护人。近年来，审判人员从人民法院离任后转行从事律师业务的逐年增多。由于这些转任律师的法官曾长期在法院工作，有的还任过法院的领导，如果他们在其原任职的法院从事诉讼代理、辩护业务，容易引起对人民法院审判公正性的质疑。因此，本解释第八条第二款依据法官法第十七条第二款，规定审判人员及法院其他工作人员从人民法院离任后，不得担任原任职法院审理案件的诉讼代理人或者辩护人，没有“二年”的时间限制。另外，从维护当事人诉讼权利和尊重实际情况的角度出发，本款作了但书规定，即作为当事人的监护人或者近亲属代理诉讼或者进行辩护的不受本款规定的限制。

2. 关于“原任职法院”的范围如何理解

本解释第八条第四款对“原任职法院”的范围进行了界定：“本条所规定的原任职法院，包括审判人员及法院其他工作人员曾任职的所有法院。”对“原任职法院”的范围进行上述界定的理由：第一，本解释第八条第二款规定审判人员及法院其他工作人员从人民法院离任后，不得担任原任职法院所审理案件的诉讼代理人或者辩护人，对“原任职法院”进行界定，可以为人民法院纪检、监察部门掌握政策法律界限提供明确的依据。第二，明确“原任职法院”不仅包括离任审判人员最后一次任职的法院，还包括其以前曾任职的所有法院，有利于正确执行诉讼回避制度，消除诉讼当事人对司法公正的疑虑，提高司法公信力。第三，对“原任职法院”范围的界定参考了上海高院发布的《关于人民法院离任人员担任诉讼代理人和辩护人有关问题的解答》第三条的规定。该条规定：“‘原任职法院’不能仅理解为离任时所在的法院，而应理解为所有曾经任过职的法院。”对“原任职法院”范围作出上述界定，符合司法实践的实际情况，有利于回避制度的理解和执行。

3. 关于“离任”的概念

本解释第八条第三款规定：“本条所规定的离任，包括退休、调离、解聘、辞职、辞退、开除等离开法院工作岗位的情形。”该款规定来源于《最高人民法院关于适用〈关于审判人员严格执行回避制度的若干规定〉第四条有关问题的答复》（2000年6月20日，法〔2000〕95号）第一条的规定，该条规定：“离任，包括离休、退休、调动、辞职、辞退、开除等情形”。实践中，审判人员离任的情形比较多，本款对“离任”概念的界定基本上涵盖了审判人员离任的各种情形。

（五）关于审判人员近亲属从业回避的规定

本解释第九条是关于审判人员

特定范围内近亲属从业回避的规定。《法官法》第十七条第三款规定："法官的配偶、子女不得担任该法官所任职法院办理案件的诉讼代理人或者辩护人。"对法官特定范围内近亲属的从业回避问题作了规定。但《法官法》规定的范围相对比较窄，没有列举父母。在亲属关系上，审判人员的父母与子女是属于同一层次的，在《继承法》中配偶、子女、父母都作为第一顺序继承人。实践中，父母从事律师职业，子女在法院任职的情形比较多，社会上对此争议也比较大。因此，本解释第九条保留了原先《回避若干规定》第五条的规定，将审判人员的父母也纳入审判人员近亲属从业回避的范围。

（六）关于诉讼代理人及辩护人违反从业回避规定的处理

本解释第十条增加了诉讼代理人及辩护人违反从业回避规定如何处理的规定，即"人民法院发现诉讼代理人或者辩护人违反本规定第八条、第九条的规定的，应当责令其停止相关诉讼代理或者辩护行为"。对于诉讼代理人及辩护人违反从业回避规定如何处理，现行法律及司法解释缺乏程序性的规定。本规定第八条、第九条对离任审判人员以及现任审判人员的近亲属从事诉讼代理、辩护活动，如何执行回避制度提出了具体要求，落实这些要求需要具体的程序措施，否则从业回避制度形同虚设。因此，本条规定人民法院发现诉讼代理人、辩护人违反从业回避规定的，应当责令其停止相关诉讼代理或者辩护行为。

（七）关于适用本解释第八条、第九条的人员范围

本解释第八条、第九条对离任审判人员以及现任审判人员的近亲属从业回避作出了规定。本解释第十四条规定："人民陪审员、书记员和执行员适用审判人员回避的有关规定，但不属于本规定第十三条所规定人员的，不适用本规定第八条、第九条的规定。"所谓"不属于本规定第十三条所规定的人员"，主要是指法院中不在编的书记员和执行员。不在编的书记员和执行员适用审判人员回避的有关规定，但不适用本规定第八条、第九条的从业回避规定，其理由主要为：第一，根据相关诉讼法的规定，在案件办理过程中，书记员和执行员应当适用审判人员回避的有关规定。第二，根据我国现实国情和保障就业原则，对于不占行政编制的书记员和执行员不应加以过多限制，不宜适用本规定第八条、第九条主要是针对审判人员及法院其他工作人员作出的从业回避规定。

三、本解释与任职回避相关规定的关系

2011年2月10日，最高人民法院下发了《最高人民法院关于对

配偶子女从事律师职业的法院领导干部和审判执行岗位法官实行任职回避的规定（试行）》（法发〔2011〕5号，以下简称《任职回避规定》）。《任职回避规定》主要是规范法院领导干部和审判执行岗位的法官，如果其配偶、子女从事律师职业，必须辞去现任职务或者退出审判、执行岗位。即《任职回避规定》主要是法院内部从人事制度和岗位管理的角度对审判人员作出的任职回避规定。而本解释适用于案件诉讼领域，即在案件审理过程中，如果发现审判人员的配偶、子女、父母在其所任职法院代理诉讼或者进行辩护，人民法院应当责令他们停止相关代理诉讼或者进行辩护的行为。两个规定所规范的范围和对象不同，一个指向法院内部人事管理，一个指向诉讼活动，二者不存在矛盾和冲突。两个规定从不同层面共同对相关法院工作人员的回避制度作出规定，确保实现司法廉洁和公正。

部门规章、部门规章性文件与解读

国家邮政局

邮政业消费者申诉处理办法

（2011年6月24日）

第一章 总 则

第一条 为了维护邮政业消费者的合法权益，依法公正处理消费者申诉，促进邮政业服务质量的提高，根据《中华人民共和国邮政法》等有关法律、法规，制定本办法。

第二条 邮政业消费者申诉处理机构处理消费者对邮政企业和快递企业服务质量提出异议的申诉，适用本办法。

第三条 申诉处理应当以事实为依据，以法律为准绳，坚持合法、公正、合理的原则。

第四条 申诉处理机构对邮政业消费者的申诉实行调解制度。

第二章 机 构

第五条 邮政业消费者申诉处理机构，是指国家邮政局和省、自治区、直辖市邮政管理局邮政业消费者申诉受理中心（以下简称国家邮政局申诉中心、省邮政管理局申诉中心，统称邮政管理部门申诉中心）。

第六条 邮政管理部门申诉中心应配置相应人员和基本设施，依法处理消费者申诉。

第七条 邮政管理部门申诉中心及其人员对涉及国家秘密、企业商业秘密和消费者个人隐私的内容负有保密责任。

第八条 国家邮政局申诉中心主要职责：

（一）负责全国邮政业消费者申诉工作的管理和监督；

（二）帮助解答消费者关于邮政服务、快递业务相关法律、法规、规章及相关规范性文件、服务标准的咨询；

（三）负责邮政业消费者申诉、举报、表扬、批评、建议等相关问题的受理、转办、催办、督办、回访、结案等工作；

（四）负责处理政府相关部门转办的邮政业服务质量问题；

（五）监督检查各省邮政管理局申诉中心对邮政业消费者申诉的处理工作，对重大服务质量问题会同相关部门依法进行调查处理并予以通报；

（六）负责全国邮政业消费者申诉的统计、存档工作，汇总、分析全国邮政业消费者申诉情况；

（七）负责起草国家邮政局邮政业消费者申诉情况通告；

（八）国家邮政局授权的其他职能。

第九条 省邮政管理局申诉中心主要职责：

（一）负责本省（区、市）受理和国家邮政局转办的消费者申诉、举报、表扬、批评、建议等相关问题的转办、催办、督办、调查、调解、回访与结案工作；

（二）帮助解答消费者关于邮政服务、快递业务相关法律、法规、规章及相关规范性文件、服务标准的咨询；

（三）负责处理本省（区、市）政府相关部门转办的邮政业服务质量问题；

（四）负责处理其他省邮政管理局申诉中心转来的消费者申诉；

（五）负责本省（区、市）邮政业消费者申诉的统计、存档工作，汇总、分析本省（区、市）邮政业消费者申诉情况，并按月向国家邮政局申诉中心上报消费者申诉处理情况；

（六）负责起草本省（区、市）邮政业消费者申诉情况通告；

（七）省邮政管理局授权的其他职能。

第三章 受 理

第十条 邮政业消费者申诉专用电话为“12305”（省会区号－12305）。消费者可以采用电话申诉或登陆国家邮政局和各省、自治区、直辖市邮政管理局网站申诉，也可以采用书信或传真形式申诉。

第十一条 邮政管理部门申诉中心要认真受理邮政业消费者的申诉，工作时间应有专人值守“12305”申诉电话，保证消费者申诉渠道畅通。

邮政管理部门申诉中心应自接到消费者申诉之日起30日内答复申诉人。

第十二条 消费者申诉应当符合下列条件：

（一）申诉人是与申诉事件有直接利害关系的当事人（寄件人或收件人）；

（二）有明确的被申诉人；

（三）有具体的事实根据；

（四）向邮政企业、快递企业投诉后7日未得到答复；或对企业处理和答复不满意；或邮政企业、快递企业投诉渠道不畅通，投诉无人受理；

（五）消费者申诉时，要提供与申诉事件有关的有效信息，包括：申诉人姓名、联系电话；邮（快）件号码、寄件时间、寄件人和收件人地址；被申诉人名称、申诉诉求、理由、相关证据、企业对投诉处理的结果等；

（六）申诉人应当在交寄邮（快）件之日起或与邮政企业、快递企业发生服务争议之日起1年内对需申诉事件提出申诉。

第十三条 邮政管理部门申诉中心对有下列情形之一的申诉不予受理：

（一）不符合本办法第十二条所规定的申诉条件的；

（二）诉求事项不属于申诉范围的（不涉及邮政企业、快递企业服务问题的）；

（三）申诉人与被申诉人已经达成和解协议并执行，申诉人没有新的诉求内容的；

（四）邮政管理部门已经就申诉事项进行过调解或同一事项重复申诉的；

（五）人民法院或仲裁机构等部门已经受理或者处理的；

（六）国家法律、法规及规章另有规定的。

第十四条 消费者采用电话形式申诉，申诉中心一般情况下应当场答复是否受理，不能当场答复的应于两个工作日内答复申诉人是否受理。消费者网上申诉或以书信、传真形式申诉，申诉中心应于两个工作日内受理。对于不受理的申诉，应当告知申诉人不予受理的理由。

第四章 处 理

第十五条 邮政管理部门申诉中心处理申诉的主要依据包括：

（一）《中华人民共和国邮政法》、《邮政法实施细则》、《中华人民共和国合同法》、《中华人民共和国消费者权益保护法》、《邮政普遍服务监督管理办法》、《快递市场管理办法》、《邮票发行监督管理办法》等国家有关法律法规、部门规章；

（二）《邮政普遍服务标准》、《快递服务标准》等有关国家标准、行业标准；

（三）申诉处理机构处理申诉规范性文件和其他有关规范性文件；

（四）消费者与邮政企业或快递企业签订的书面格式合同（邮件详情单、快递详情单）；

（五）邮政企业和快递企业对外公布的有关承诺。

第十六条 邮政管理部门申诉中心应当在受理消费者申诉之后，于两个工作日内将消费者申诉内容转给相关部门或被申诉人。

国家邮政局受理的申诉一般情况下按照属地管理的原则转给相关省邮政管理局申诉中心办理。

第十七条 对于消费者举报邮政企业或快递企业违反有关法律、法规、规章等规定的，申诉中心转给相关部门处理。

第十八条 被申诉企业收到邮政管理部门转办的申诉后应妥善处理，并与申诉人及时沟通。

（一）对确认企业负有责任的申诉，应按规定赔偿消费者损失或向消费者致歉；

（二）如在处理收件人申诉中涉及赔偿问题应赔偿寄件人的，由企业负责联系寄件人按规定理赔；

（三）对确认企业无责的申诉，应将详细情况和企业无责理由与申诉人沟通并解释；

（四）企业内部责任划分，由企业自行处理，不得相互推诿。

第十九条 被申诉企业应自收到转办申诉之日起15日内向转办邮政管理部门答复处理结果。

答复内容应包括：调查结果、企业责任；与申诉人达成的处理意见、赔偿金额或解释与道歉情况；申诉人对处理意见是否满意；企业申诉处理人及联系电话等。

如企业收到转办申诉15日内尚未处理完毕，应向转办邮政管理部门说明处理进展情况、处理原则、与申诉人协商结果等，并在此件申诉处理完毕后及时向邮政管理部门反馈处理结果。

第二十条 邮政管理部门申诉中心收到企业对申诉处理结果的答复后，应及时回访消费者核实处理情况并征询消费者对申诉处理是否满意。

第二十一条 邮政管理部门申诉中心回访消费者后，同时符合下列条件，属于被申诉人与申诉人协商和解的申诉，可以作结案处理：

（一）企业的处理符合双方当事人的约定或相关规定；

（二）企业的答复与回访消费者实际处理情况相符。

第二十二条 邮政管理部门申诉中心回访消费者后或经过调查后，有下列情形之一的，应要求企业重新处理并于5日内重新答复处理结果：

（一）企业的处理不符合双方当事人的约定或相关规定；

（二）消费者反映实际处理情况与企业答复不符。

申诉中心收到企业再次答复后应再次回访消费者核实情况后结案。

第二十三条 邮政管理部门申诉中心回访消费者，初次联系无果的，应隔日再次联系，仍无法联系的可作结案处理。

第二十四条 对于被申诉人与申诉人未能协商和解的申诉，邮政管理部门申诉中心可以进行调解。

第二十五条 邮政管理部门申诉中心督办企业及时处理申诉，对于不按规定时限答复处理结果的企业，应在申诉情况通告中点名批评并向社会公布。

第二十六条 对于严重侵害消费者利益的申诉，邮政管理部门申诉中心可以会同相关部门组织进行调查。经查证后依据相关法律、法规和规章，由相关部门对被申诉人进行行政处罚。

第五章 调　查

第二十七条 邮政管理部门根据有关法律、法规和规章的规定，可以向申诉人、被申诉人了解情况、收集证据或者召集有关当事人进行调查。

第二十八条 调查人员可行使下列权利：

（一）向当事人和有关人员询问申诉情况；

（二）要求有关单位和个人提供相关材料和证明；

（三）查阅、复制有关材料等。

第二十九条 调查应当由两名或两名以上工作人员共同进行，调查时应当出示有效证件和有关证明，并应当制作调查笔录。

第三十条 被调查人员应如实回答调查人员的询问，必要时提供相关证据。

第三十一条 需要对有关邮（快）件、物品进行检测或者鉴定的，应交由国家邮政局及省、自治区、直辖市邮政管理局指定的检测或者鉴定机构进行检测、鉴定。被申诉的邮政企业或快递企业应当予以配合。

第三十二条 调查人员依法公正地行使调查权，不得与申诉人、被申诉人及其他相关人发生直接或间接利益关系。

第六章 调 解

第三十三条 同时满足下列情形的，邮政管理部门申诉中心可以组织双方当事人进行调解：

（一）属于邮政管理部门受理范围的申诉；

（二）申诉人与被申诉人已经就申诉事项进行协商，但未能和解的；

（三）申诉人与被申诉人同意由邮政管理部门进行调解的。

第三十四条 申诉中心就当事人所争议的事项进行调解，以电话或网上调解为主，达成一致意见的，可以作结案处理。

第三十五条 申诉中心调解无效的或者消费者对调解结果不满意的，争议双方可向人民法院提起诉讼。

第七章 附 则

第三十六条 国家邮政局和各省、自治区、直辖市邮政管理局定期向社会通告邮政业消费者申诉情况。

第三十七条 本办法由国家邮政局负责解释，自2011年7月1日起施行。

国家知识产权局

专利实施许可合同备案办法

（国家知识产权局局务会议审议通过 2011年6月27日第62号公布
自2011年8月1日起施行）

第一条 为了切实保护专利权，规范专利实施许可行为，促进专利权的运用，根据《中华人民共和国专利法》、《中华人民共和国合同法》和相关法律法规，制定本办法。

第二条 国家知识产权局负责全国专利实施许可合同的备案工作。

第三条 专利实施许可的许可人应当是合法的专利权人或者其他权利人。

以共有的专利权订立专利实施许可合同的，除全体共有人另有约定或者《中华人民共和国专利法》另有规定的外，应当取得其他共有人的同意。

第四条 申请备案的专利实施许可合同应当以书面形式订立。

订立专利实施许可合同可以使用国家知识产权局统一制订的合同范本；采用其他合同文本的，应当符合《中华人民共和国合同法》的规定。

第五条 当事人应当自专利实施许可合同生效之日起3个月内办理备案手续。

第六条 在中国没有经常居所或者营业所的外国人、外国企业或者外国其他组织办理备案相关手续的，应当委托依法设立的专利代理机构办理。

中国单位或者个人办理备案相关手续的，可以委托依法设立的专利代理机构办理。

第七条 当事人可以通过邮寄、直接送交或者国家知识产权局规定的其他方式办理专利实施许可合同备案相关手续。

第八条 申请专利实施许可合同备案的，应当提交下列文件：

（一）许可人或者其委托的专利代理机构签字或者盖章的专利实施许可合同备案申请表；

（二）专利实施许可合同；

（三）双方当事人的身份证明；

（四）委托专利代理机构的，注明委托权限的委托书；

（五）其他需要提供的材料。

第九条 当事人提交的专利实施许可合同应当包括以下内容：

（一）当事人的姓名或者名称、地址；

（二）专利权项数以及每项专利权的名称、专利号、申请日、授权公告日；

（三）实施许可的种类和期限。

第十条 除身份证明外，当事人提交的其他各种文件应当使用中文。身份证明是外文的，当事人应当附送中文译文；未附送的，视为未提交。

第十一条 国家知识产权局自收到备案申请之日起7个工作日内进行审查并决定是否予以备案。

第十二条 备案申请经审查合格的，国家知识产权局应当向当事人出具《专利实施许可合同备案证明》。

备案申请有下列情形之一的，不予备案，并向当事人发送《专利实施许可合同不予备案通知书》：

（一）专利权已经终止或者被宣告无效的；

（二）许可人不是专利登记簿记载的专利权人或者有权授予许可的其他权利人的；

（三）专利实施许可合同不符合本办法第九条规定的；

（四）实施许可的期限超过专利权有效期的；

（五）共有专利权人违反法律规定或者约定订立专利实施许可合同的；

（六）专利权处于年费缴纳滞纳期的；

（七）因专利权的归属发生纠纷或者人民法院裁定对专利权采取保全措施，专利权的有关程序被中止的；

（八）同一专利实施许可合同重复申请备案的；

（九）专利权被质押的，但经质权人同意的除外；

（十）与已经备案的专利实施许可合同冲突的；

（十一）其他不应当予以备案的情形。

第十三条 专利实施许可合同备案后，国家知识产权局发现备案申请存在本办法第十二条第二款所列情形并且尚未消除的，应当撤销专利实施许可合同备案，并向当事人发出《撤销专利实施许可合同备案通知书》。

第十四条 专利实施许可合同备案的有关内容由国家知识产权局在专利登记簿上登记，并在专利公报上公告以下内容：许可人、被许可人、主分类号、专利号、申请日、授权公告日、实施许可的种类和期限、备案日期。

专利实施许可合同备案后变更、注销以及撤销的，国家知识产权局予以相应登记和公告。

第十五条 国家知识产权局建立专利实施许可合同备案数据库。公众可以查询专利实施许可合同备案的法律状态。

第十六条 当事人延长实施许可的期限的，应当在原实施许可的期限届满前2个月内，持变更协议、备案证明和其他有关文件向国家知识产权局办理备案变更手续。

变更专利实施许可合同其他内容的，参照前款规定办理。

第十七条 实施许可的期限届满或者提前解除专利实施许可合同的，当事人应当在期限届满或者订立解除协议后30日内持备案证明、解除协议和其他有关文件向国家知识产权局办理备案注销手续。

第十八条 经备案的专利实施许可合同涉及的专利权被宣告无效或者在期限届满前终止的，当事人应当及时办理备案注销手续。

第十九条 经备案的专利实施许可合同的种类、期限、许可使用费计算方法或者数额等，可以作为管理专利工作的部门对侵权赔偿数额进行调解的参照。

第二十条 当事人以专利申请实施许可合同申请备案的，参照本办法执行。

申请备案时，专利申请被驳回、撤回或者视为撤回的，不予备案。

第二十一条 当事人以专利申请实施许可合同申请备案的，专利申请被批准授予专利权后，当事人应当及时将专利申请实施许可合同名称及有关条款作相应变更；专利申请被驳回、撤回或者视为撤回的，当事人应当及时办理备案注销手续。

第二十二条 本办法自2011年8月1日起施行。2001年12月17日国家知识产权局令第十八号发布的《专利实施许可合同备案管理办法》同时废止。

地方性法规、地方政府规章与解读

甘肃省集体合同条例

（2011年7月29日甘肃省第十一届人民代表大会常务委员会第二十二次会议通过　2011年7月29日甘肃省人民代表大会常务委员会第44号公告公布　自2011年10月1日起施行）

第一章　总　则

第一条　为了促进和保障集体合同制度的实施，明确集体合同双方当事人的权利义务，维护劳动者和用人单位的合法权益，构建和谐稳定的劳动关系，根据《中华人民共和国劳动法》、《中华人民共和国工会法》、《中华人民共和国劳动合同法》和其他法律、行政法规的有关规定，结合本省实际，制定本条例。

第二条　本省行政区域内的企业、实行企业化管理的事业单位、民办非企业单位、个体经济组织（以下称用人单位）与职工一方进行集体协商，订立、履行、变更、解除或者终止集体合同适用本条例。

第三条　本条例所称集体合同，是指职工一方与用人单位就劳动报酬、工作时间、休息休假、劳动安全卫生、保险福利等事项通过双方集体协商订立的书面协议。

第四条　订立集体合同应当遵循合法、公平、诚实守信和平等协商的原则。

第五条　依法订立的集体合同对用人单位和全体职工具有约束力。

集体合同约定的劳动报酬、劳动条件等标准不得低于当地人民政府规定的最低标准。

用人单位与职工个人订立的劳动合同，其劳动报酬、劳动条件等标准，不得低于集体合同约定的标准。

通过劳务派遣单位招用的职工，享有与用人单位其他职工同工同酬的权利，享受用人单位集体合同约定的各项待遇。

第六条 县级以上人民政府应当建立健全劳动关系协调机制，研究解决集体合同工作中的重大问题，做好相关法律法规的宣传、贯彻和落实。

县级以上人民政府人力资源和社会保障行政主管部门负责本行政区域内集体合同工作的监督管理，对集体合同争议依法协调和处理。

第七条 地方工会和产业工会应当指导、帮助职工一方订立集体合同，对集体合同的履行依法进行监督检查，参与集体合同争议的协调处理。

工商业联合会、企业联合会、企业家协会、行业协会、商会等组织指导、帮助和督促用人单位订立和履行集体合同，参与集体合同争议的协调处理。

第二章 集体协商代表

第八条 集体协商代表（以下称协商代表），是指按照法定程序产生，代表本方利益进行集体协商的人员。

双方协商代表的人数应当对等，每方不少于三人。

第九条 职工一方的协商代表，由本单位工会选派产生；未建立工会组织的，由上级工会指导职工民主推举并经半数以上职工同意。

用人单位的协商代表，由法定代表人确定。

协商双方可以委托本单位以外的专业人员担任本方协商代表，但委托人数不得超过本方协商代表人数的三分之一。

双方协商代表不得相互兼任。专职或者兼职工会工作人员不得担任用人单位的协商代表。

第十条 协商双方应当各确定一名首席协商代表。

职工一方的首席代表，由是协商代表的工会主席担任；未建立工会组织或者工会主席不是协商代表的，首席协商代表由职工一方协商代表推举产生。

用人单位首席协商代表由法定代表人或者由其书面委托的协商代表担任。

第十一条 协商代表履行职责的期限，由被代表方确定，但最长至集体合同期满时为止。

第十二条 协商代表应当履行下列职责：

（一）收集与集体协商有关的情况和资料；

（二）征求本方人员意见，回答询问；

（三）参加集体协商；

（四）参加集体协商争议的处理；

（五）监督集体合同的履行；

（六）应当履行的其他职责。

首席协商代表除履行以上职责外，还应当履行下列职责：

（一）召集和主持集体协商会议；

（二）向本方人员公布集体协商情况；

（三）向对方提供与集体协商有关的情况和资料；

（四）在集体协商会议纪要、集体合同及其相关文件上签字。

第十三条 协商代表应当遵守协商纪律，保守相关秘密。

第十四条 协商双方可以更换其指派、选派或者委托的协商代表。

协商代表损害被代表人利益、不履行职责、无法胜任工作的，可以撤销其代表资格。

协商代表空缺应当及时补充，并在下一次协商会议召开的五日前通知对方。

第十五条 用人单位应当保证协商代表履行职责必需的工作时间和工作条件。协商代表履行职责占用工作时间的，其工资、奖金及各项福利不受影响。

第十六条 职工担任协商代表期间，用人单位非因《中华人民共和国劳动合同法》第三十九条规定的情形，不得调整其工作岗位或者免除其职务，但经本人同意的除外；不得单方面变更或者解除与其订立的劳动合同，不得降低其待遇。

职工一方协商代表劳动合同期满的，其劳动合同期限顺延至完成履行代表职责之时。但法律、行政法规规定不能延长的，或者本人自愿不延长的除外。

第三章 集体协商的内容和程序

第十七条 职工一方和用人单位应当就下列全部或者部分内容进行平等协商：

（一）劳动报酬；

（二）工作时间；

（三）休息休假；

（四）劳动安全卫生；

（五）保险福利；

（六）女职工特殊保护；

（七）职工培训；

（八）劳动管理制度；

（九）劳动定额；

（十）经济性裁员；

（十一）用人单位生产经营发生重大变化时，职工工资性收入、保险福利等权益的保障办法；

（十二）集体合同的协商程序、协商资料的提供、集体合同的适用范围及有效期限；

（十三）集体合同变更、解除、终止的条件和违约责任；

（十四）双方认为需要协商的与劳动关系有关的其他事项。

第十八条 集体协商所需资料主要包括：用人单位章程、财务报表、劳动定额标准和工资支付情况、劳动生产率和人工成本情况、纳税和社会保险费缴纳情况等与集体协商相关的生产经营资料。

第十九条 协商双方均可以向对方以书面形式提出进行集体协商、订立集体合同的要求。一方提出协商要求，另一方应当自收到协商要求之日起二十日内给予书面答复，无正当理由不得拒绝或者拖延协商。

职工一方可以通过工会向用人单位提出协商要求；尚未建立工会组织的，由其上级地方工会或者行业工会指导职工推举代表提出协商要求。

用人单位可以向本单位工会提出协商要求；尚未建立工会组织的，向单位所在地地方工会或者行业工会提出协商要求。

第二十条 有下列行为之一的，属于拒绝或者拖延协商：

（一）对对方提出的协商内容、时间、地点和方式不予及时回应的；

（二）不提供或者不如实提供协商所需资料的；

（三）一方协商代表拒不履行职责使协商无法进行的。

第二十一条 集体协商主要采取协商会议的形式，会议召集人由双方首席协商代表轮流担任。

集体协商会议应当形成会议纪要，由双方首席协商代表签字确认。

第二十二条 协商会议前双方应当进行下列准备工作：

（一）商定协商的议题、时间、地点等；

（二）收集与协商议题有关的情况和资料；

（三）了解与协商议题有关的法律、法规和其他有关规定；

（四）共同确定一名非协商代表担任记录员；

（五）其他需要准备的工作。

第二十三条 协商达成一致的，由用人单位在七日内形成集体合同文本草案，并由双方首席协商代表在草案文本上签字确认。协商未达成一致的，双方可以中止协商并商定下次继续协商的时间、地点等内容。

第四章 集体合同的订立、履行、变更、解除和终止

第二十四条 集体合同草案应当自双方首席协商代表签字后十日内提交职工代表大会或者职工大会讨论和表决。

职工代表大会或者职工大会讨论集体合同草案，应当有三分之二以上代表或者职工出席，经应到会议代表或者职工的半数以上同意方可通过，并由双方首席协商代表签字确认。

集体合同草案未获通过的，双方应当提出修改方案重新协商。重新协商达成一致的，应当在十日内再次提交职工代表大会或者职工大会讨论和表决。

第二十五条 用人单位应当自集体合同订立后十日内，将集体合同文本及相关附件报送有管辖权的县级以上人民政府人力资源和社会保障行政主管部门进行合法性审查。

人力资源和社会保障行政主管部门应当对报送的集体合同文本和相关附件办理登记手续并予以备案。

第二十六条 人力资源和社会保障行政主管部门对集体合同的下列内容进行审查：

（一）双方的主体资格是否符合法律、法规的规定；

（二）集体协商是否按照法律、法规规定的原则和程序进行；

（三）合同的内容是否符合法律、法规及有关政策的规定。

人力资源和社会保障行政主管部门自收到集体合同文本之日起十五日内未提出异议的，集体合同即行生效；审查有异议的，应当以《审查意见书》的形式通知双方协商代表，由其进行补充协商。

第二十七条 用人单位应当自集体合同生效之日起向全体职工公布集体合同文本。

第二十八条 集体合同期限一般为一至三年，专项集体合同另有规定

的除外。

第二十九条 用人单位法定代表人应当定期向职工代表大会或者职工大会报告集体合同履行情况。

协商代表履行集体合同监督职责时，发现问题应当及时提交双方首席协商代表协商处理。

第三十条 集体合同在有效期限内，不因用人单位名称、法定代表人、投资人等的变更而变更、解除。

用人单位改制、兼并、重组、分立后，原集体合同继续有效，继承其权利和义务的用人单位应当继续履行。

第三十一条 集体合同有效期内，有下列情形之一的，经双方协商一致后，可以变更或者解除：

（一）订立集体合同所依据的法律、法规被修改或者废止的；

（二）用人单位改制、兼并、重组、分立或者经营状况发生重大变化，确使集体合同无法继续履行的；

（三）因不可抗力使集体合同部分或者全部不能履行的；

（四）集体合同约定的变更或者解除条件出现的；

（五）法律、法规规定的其他情形。

用人单位应当自变更或者解除集体合同之日起十日内，上报有管辖权的县级以上人民政府人力资源和社会保障行政主管部门审查、备案。

第三十二条 变更或者解除集体合同依照本条例规定的集体协商程序进行。

第三十三条 集体合同期满即行终止。

集体合同期满三个月前，双方应当协商订立或者续订新的集体合同。

第五章 区域性、行业性集体合同

第三十四条 乡镇、街道、社区、工业园区的总工会、工会联合会或者行业工会组织，应当依法代表职工与同级的企业联合会、行业协会或者其他企业组织，就本区域、本行业应当共同执行的劳动报酬、劳动条件等标准进行集体协商，订立区域性、行业性集体合同。

第三十五条 职工一方的协商代表由区域或者行业工会组织选派。没有工会组织的，由上级工会选派或者组织区域、行业内职工民主推选产生。

用人单位方的协商代表由区域或者行业的企业组织选派。没有上述企业组织的，由上级相关企业组织选派或者协调区域、行业内的用人单位民主推选。

首席协商代表由协商代表推举产生。

第三十六条 区域性、行业性集体合同包括以下全部或者部分内容：

（一）区域、行业范围内的基本工资标准及工资调整；

（二）同类工种的劳动定额标准；

（三）各工种、岗位的劳动安全和卫生标准；

（四）女职工特殊劳动保护待遇；

（五）各工种、岗位的职工培训；

（六）需要进行平等协商的其他事项。

第三十七条 区域性、行业性集体合同草案应当提交区域、行业职工代表大会审议通过；尚未建立区域、行业职工代表大会的，应当向区域、行业内职工公示，并经半数以上职工同意。

区域性、行业性集体合同草案应当经区域、行业内三分之二以上的用人单位认可。

区域性、行业性集体合同草案经职工一方通过和用人单位认可后，由双方首席协商代表签字，并依照本条例的规定报送有管辖权的县级以上人民政府人力资源和社会保障行政主管部门审查、备案。

第三十八条 依法订立的区域性、行业性集体合同对本区域、本行业的全部用人单位和职工具有约束力。

第三十九条 区域性、行业性集体合同协商要求的提出以及协商、订立、履行、变更、解除和终止等事项，依照本条例的有关规定执行。

第六章 专项集体合同

第四十条 职工一方与用人单位可以根据需要，就劳动工资、劳动安全卫生、女职工权益保护以及保险福利等内容订立专项集体合同。

第四十一条 职工一方与用人单位应当每年就职工年度工资水平、年度工资调整和工资支付办法等事项进行集体协商，订立工资专项集体合同。

第四十二条 双方协商确定工资等事项应当符合国家和本省的相关规定，并以下列因素作为协商基础：

（一）地区、行业、企业的人工成本水平；

（二）地区、行业的职工平均工资水平；

（三）政府发布的工资指导线、劳动力市场工资指导价位；

（四）本地区城镇居民消费价格指数；

（五）企业劳动生产率和经济效益；

（六）上年度企业职工工资总额和职工平均工资水平；

（七）其他有关情况。

第四十三条 工资专项集体合同包括以下全部或者部分内容：

（一）计时工资、计件单价、劳动定额标准；

（二）工资分配制度、工资标准和最低工资；

（三）各个岗位职工年度平均工资水平；

（四）工资支付办法；

（五）加班工资及津贴、补贴标准；

（六）工资调整办法；

（七）带薪假期，试用期及病、事假等期间的工资待遇；

（八）福利待遇和奖金分配办法；

（九）特殊情况下职工工资支付办法；

（十）其他与劳动报酬分配有关的事项。

第四十四条 工资专项集体合同期限一般为一年，期满两个月前，双方依照本条例规定的程序续订或者重新订立。

第四十五条 专项集体合同协商代表的产生、协商要求的提出以及协商、订立、履行、变更、解除和终止等事项，依照本条例的有关规定执行。

第七章 集体合同的争议处理

第四十六条 订立、履行、变更、解除和终止集体合同过程中发生争议，双方应当协商解决。协商达不成一致意见的，由有管辖权的县级以上人民政府人力资源和社会保障行政主管部门协调处理。

协调处理达成一致意见的，人力资源和社会保障行政主管部门应当制作《协调处理协议书》，由争议协调处理人员和双方首席协商代表签字后生效。

第四十七条 人力资源和社会保障行政主管部门协调处理集体合同争议，应当自受理之日起三十日内处理完毕。情况复杂需要延期的，延长期限不得超过十五日。

第四十八条 因履行集体合同发生争议，经协商调解仍不能达成一致的，可以向有管辖权的劳动争议仲裁委员会申请仲裁；对仲裁裁决不服的，可以在法定期限内向人民法院提起诉讼。

第四十九条 集体合同发生争议时，协商双方应当维护正常的生产、工作秩序。

第八章 法律责任

第五十条 用人单位违反本条例规定，有下列行为之一的，由县级以上人民政府人力资源和社会保障行政主管部门责令限期改正；逾期不改的，由人力资源和社会保障行政主管部门给予警告，记入用人单位劳动保障守法诚信档案，并定期向社会公布：

（一）拒绝或者拖延答复职工一方集体协商要求的；

（二）不予提供或者不如实提供有关集体协商、订立集体合同所需情况和资料的；

（三）违法变更或者解除职工一方协商代表劳动合同的；

（四）阻挠上级工会指导职工进行平等协商、订立集体合同的；

（五）不按照规定报送集体合同进行审查的；

（六）不履行生效集体合同的。

第五十一条 用人单位违反本条例规定，以调整工作岗位、降低待遇、免除职务等方式对职工一方协商代表进行打击报复的，由人力资源和社会保障行政主管部门责令用人单位限期改正；造成损失的，按照实际损失给予赔偿。

用人单位违反本条例规定，解除或者终止职工一方协商代表劳动合同的，由人力资源和社会保障行政主管部门责令用人单位限期恢复其工作，并补发工资福利等各项应得收入；逾期不支付的，责令用人单位按各项应得收入二倍的标准向其支付赔偿金。

第五十二条 人力资源和社会保障行政主管部门工作人员在对集体合同进行合法性审查、争议处理和实施监督工作中不作为或者有违规行为的，由所在单位或者监察机关依法给予处分。

工会工作人员在集体合同订立、履行过程中，有不履行职责、损害职工权益行为的，由同级工会或者上级工会责令改正，并依照有关规定给予处分。

企业联合会、行业协会或者其他企业组织的工作人员在区域性、行业性集体合同订立、履行过程中，有不履行职责、损害所代表组织权益行为的，由同级或者上级企业组织、行业协会责令改正，并依照有关规定给予处分。

第九章　附　　则

第五十三条　本条例自2011年10月1日起施行。

地方司法业务文件与解读

江西省高级人民法院

关于审理网络侵权纠纷案件适用法律若干问题的指导意见（试行）

2011 年 4 月 21 日　　赣高法发〔2011〕18 号

第一条【网络侵权行为的责任主体】 利用网络侵害他人合法权益的实施者、网络服务提供者，应当承担法律责任。

第二条【网络服务提供者定义】 网络服务提供者包括网络内容服务提供商、信息平台服务（含电子公告服务）提供商、信息通道服务提供商、搜索引擎服务提供商、电子商务服务提供商、网络游戏服务提供商、为特定网络用户提供群发、飞信、视频等特定增值服务的网络服务提供者以及其他网络服务提供者。

第三条【网络侵权对象】 网络侵权对象包括侵犯姓名权、名誉权、荣誉权、肖像权、隐私权、所有权、用益物权、担保物权、著作权、专利权、商标专用权、发现权、股权、继承权等可以折射在网络上的传统人身、财产权益；同时包括侵犯个人网上信息财产权、虚拟物品和私有虚拟空间财产权、非独创性数据库财产权等网络财产权益。

第四条【一般法律法规的当然适用】 除另有规定外，我国法律法规、司法解释当然适用于网络侵权纠纷 。

第五条【集中受案】 全省法院涉及网络侵权的民事案件（不包括知识产权网络侵权民事案件）统一由网络侵权纠纷案件专门合议庭审理。

第六条【地域管辖】 网络侵权纠纷案件由侵权行为地或者被告住所地法院管辖。侵权行为地包括侵权行为发生地、侵权结果对受害人发生重要影响地以及实施被诉侵权行为的网络服务器、计算机终端等设备所在地。对难以确定侵权行为地和被告住所地的，原告发现侵权内容的计算机终端等设备所在地可以视为侵权行为地。

第七条【移送】受案法院虽然有管辖权，但审理将给当事人及司法带来不便，则原法院可以请求上级法院依职权或根据当事人的请求将案件指定或协商移送至更方便的法院管辖。

第八条【刑民转化程序】网络侵权案件中，被侵权人起诉时是以刑事自诉案件立案，但在案件审理过程中，法院发现侵权人不构成刑事犯罪的，被侵权人申请变更为追究民事责任的，法院可以在该刑事案件由被侵权人申请撤诉结案后，以民事案件受案继续由原合议庭审理。

第九条【被告的身份确定】被侵权人在提起民事诉讼时不能提供被告真实身份的，法院应根据案件实际，告知其可以电子证据中标记的 IP 地址或者网络名称暂作为被告，并根据案件实际作如下处理：

（一）被告是网络用户，可以申请人民法院依法向网络服务提供者调查被告在其网络的登记、注册资料；同时可以申请法院向公安机关网络安全监察部门调查该网络用户的真实身份信息。

（二）根据网络服务提供者提供的网络登记、注册资料或者公安机关网络安全监察部门提供的信息，可以确定被告真实身份信息的，人民法院应当以相关信息载明的主体作为被告进行审理；无法确定被告真实身份信息的，人民法院应当裁定不予受理。

（三）被告是网站，可以申请人民法院依法向通信管理部门或者电信运营商调查被告登记、注册的真实身份信息。

第十条【公益诉讼】网络侵权行为违反社会公德、损害社会公共利益，造成严重后果的，检察院提起公益诉讼要求行为人承担民事责任的，法院应当支持。

第十一条【举证责任的分配】被侵权人应当举证证明存在网络侵权以及其权利受到侵犯，被告证明该侵权行为非其实施或者其实施的行为与侵权结果没有因果关系，可不承担责任。

第十二条【电子文件与纸质文件的证据法功能等同】

任何拟作证据提交或使用的电子数据信息与电子文件，均适用本意见之规定。本意见未作特别规定证据事宜，适用我国法律法规、司法解释有关证据的一般规定。

除另有规定外，关于文书、文件、记录、文据、备忘录或其他书面形式的证据规则，当然地适用于电子文件。

第十三条【电子证据的采信条件】

具备下述条件之一的电子证据应当采信，但依照法律法规规定应予排除的除外：

（一）当事人双方均认可的；

（二）业经公证的；

（三）业经专家鉴定的；

（四）可经现场勘验的；

（五）该电子文件的签署者已经采取数字签名的；

（六）该电子证据系通过适当的安全程序得出的；

（七）法庭认可的其他方式。

第十四条【电子证据复制件的证明力】

如果根据具体案情，当事人能合理预期获得电子证据复制件的，则除相反证据或效力更高的证据外，该复制件具有等同于原件的证明力。

第十五条【电子证据的保全】

依照法律或惯例，某一电子证据须予保留，则可通过留存或提存的方式进行，电子证据实施有效的留存或提存，必须至少符合以下条件：

（一）其中所蕴含的信息可供调取，以备日后查用；

（二）采用了其生成、发送或接受时的格式，或者一种能够准确翻译其生成、发送或接受时格式的其他格式

（三）所保全的信息不仅应包括正文内容，还应包括可据以验证该证据可靠性的任何其他必要信息，如该证据的来源地、目的地、发送与接收时间；但对于只是为了使电子记录能够发送或接受而使用的有关信息，不在保全范围之列。

在民事诉讼中，负有对电子证据进行留存或提存的当事人一方，若未能实施有效的留存或提存，则应当承担诉讼上不利的后果。

除前述保全方式外，当事人也可申请公证机关进行公证或向人民法院申请证据保全。

第十六条【证明方式】

电子证据的证明方式可以通过电子证据的展示来质证。展示可由电子证据的公证人员来操作，也可以由法庭指定的专业人员进行操作。必要时，操作人员就相关技术问题直接作出说明和解释。

没有条件展示的，可以通过某一陈述者亲身知情的事实的陈述来证实，或者通过某一已业经鉴证的记录为基础的陈述来证实，上款所说的陈述，必须肯定性地表明该陈述者对其中所涉事项具有作证的适格性。

陈述者享有证人的权利义务。陈述者必须出庭作证，对陈述内容予以确认。有关陈述者的出庭，既可以基于己方当事人或对方当事人请求，也可以基于法庭的直接传唤。当事人有权对出庭的陈述者进行询问。

第十七条【承担责任方式】承担网络侵权责任的方式主要有：

（一）停止侵害；

（二）清除侵害内容；

（三）返还实际或虚拟财产；

（四）返还名号；

（五）恢复原状；

（六）修理、重作、更换；

（七）赔偿损失；

（八）支付违约金；

（九）消除影响、恢复名誉；

（十）赔礼道歉。

以上承担侵权责任的方式，可以单独适用，也可以合并适用。

除上述规定外，法院还可以予以训诫、责令具结悔过、收缴直接用于实施非法活动的本人所有的财物或者工具和非法所得，并可以按照法律规定处以罚款、拘留。

第十八条【精神损害赔偿】利用网络非法公开、传播他人隐私或者其他信息，造成他人严重精神损害的，侵权人应当承担精神损害赔偿责任。

第十九条【共同侵权的连带责任】网络用户与网络服务提供者事先串通，共同利用网络侵害他人民事权益；或者网络服务提供者明知网络用户利用其网络服务侵害他人民事权益，未采取必要措施的，与该网络用户承担连带责任。

网络服务提供者明知网络用户提供的素材侵害他人民事权益或者上载、传播、提供的是专门用于故意避开或者破坏他人技术保护措施的方法、设备或者材料，仍上载、传播、提供，造成侵权后果的，与网络用户承担连带责任。

网络服务提供者对于网络用户利用网络服务实施侵权行为难以及时知晓的，在被侵权人通知其采取删除、屏蔽、断开链接等必要措施后未及时采取必要措施的，对损害的扩大部分与该网络用户承担连带责任。

第二十条【被侵权人的通知责任】被侵权人在通知网络服务提供者采取相关措施时应当提交自己的真实身份信息和联系方式或者其授权的代理人的真实身份信息和联系方式，并对网络服务提供者依据其通知采取的必要措施是否正确承担责任。

第二十一条【教唆、帮助侵权责任】网络用户、网络服务提供者通过网络教唆、帮助他人实施网络侵权行为的，应当与行为人承担连带责任。教唆、帮助无民事行为能力人、限制民事行为能力人实施网络侵权行为的，应当承担侵权责任；该无民事行为能力人、限制民事行为能力人的监护人未尽到监护责任的，应当承担相应的责任。

第二十二条【恶意转载、跟帖者责任】网络用户明知为侵权内容而以营利为目的转载、跟帖的；或为其他利益进行有组织地转载、跟帖的，从而造成侵权内容的扩散，对损害的扩大部分与侵权人承担连带责任。造成严重后果构成犯罪的，依照刑法有关规定追究刑事责任。

第二十三条【网络服务提供者合理审查义务】网络用户利用网络以明显的侮辱、谩骂、虚构、诽谤性文字、图像、音频、视频内容侵害他人名誉权、荣誉权、肖像权、隐私权，网络服务提供者依其管理职责将该侵权内容编辑、置顶、推荐等方式加以控制和利用的，视为明知或者应当知道侵权情形存在，与该网络用户承担共同侵权的连带责任。

第二十四条【信息通道服务、信息平台服务提供者补充责任情形】为网络用户提供信息通道服务、信息平台服务（含电子公告服务、博客服务）的网络服务提供者，对网络用户利用其网络服务侵害他人民事权益未尽到相应审查义务，造成他人损害，承担相应的补充责任。

第二十五条【搜索引擎服务责任之例外情形】为网络用户提供搜索引擎服务的网络服务提供者，在接到被侵权人通知要求采取必要措施后，及时将主要的、敏感的关键词或图片链接断开或屏蔽即视为已采取必要措施，不再承担侵权责任。

第二十六条【增值服务责任】为特定网络用户提供群发、飞信、视频等特定增值服务的网络服务提供者，违反法律法规规定，未恰当履行相关审核监督义务，严重侵害他人民事权益的，与侵权的网络用户承担连带责任。

第二十七条【借用责任】网络服务提供者将其网络经营性内容服务许可证出借他人使用导致侵权的，出借者与借用者承担连带责任。

第二十八条【网络服务提供者实名制审查义务】提供网络服务的网络服务提供者，违反法律法规以及规章规定的实名制审查义务，致使网络用户利用其网络服务侵害他人民事权益，在被侵权人行使诉权时，无法知悉实际侵权人基本信息，合法权益不能受到保障时，被侵权人可以要求该网络服务提供者先行承担实际侵权人的侵权责任。

网络服务提供者代为承担责任后，可以就财产赔偿及含财产内容的责任部分向实际侵权人追偿。

第二十九条【利用网络恶意报道】对法院未决案件在网络上发布或传播失实、歪曲的报道，或对承办法院或法官进行侮辱、诽谤，对案件施加不正常的影响，按照妨害民事诉讼的有关规定对行为人进行处罚。

网络服务提供者明知而放任行为人使用其网络服务实施上述行为，与该行为人共同承担责任。

第三十条【停止侵害禁令】网络服务提供者在被侵权人通知其采取删除、屏蔽、断开链接等必要措施后拒不采取必要措施的，被侵权人在起诉该网络服务提供者后可以向法院申请停止侵害禁令，采取删除、屏蔽、断开链接等必要措施。

法院经审查同意发出停止侵害禁令后，可以责令申请人提供担保。

第三十一条【协助义务】法院在办案过程中需要网络服务提供者协助调查取证或者协助执行禁令等情形的，应当向有关单位或者个人发出协助执行通知书，网络服务提供者不履行协助义务的，法院可以要求网络管理部门协助对该网络服务提供者采取必要措施完成有关协助行为。

网络服务提供者、网络管理部门不予协助，法院按照妨害民事诉讼的有关规定对其主要负责人或者直接责任人员进行处罚。

第三十二条【执行】网络侵权案件生效法律文书的执行，依照民事诉讼法和有关司法解释的规定办理。

生效法律文书确定被执行人交付网络虚拟财产的，被执行人拒不交付，或者交付已不可能实现的，人民法院可以裁定被执行人折价赔偿或按标的物的价值强制执行被执行人的其他财产。

行为人利用网络歪曲捏造事实、制造舆论压力、妨害或抗拒法院对生效法律文书执行的，法院应当根据情节严重程度予以罚款、拘留。

第三十三条【刑事责任】行为人利用网络实施侮辱、诽谤、损害商业信誉、拒不执行判决、裁定、妨害公务等行为，情节严重，构成犯罪的，分别依照刑法的有关规定追究刑事责任。

第三十四条【施行时间】本意见自发布之日起施行。

第三十五条【解释权限】本意见由江西省高级人民法院审判委员会负责解释。

解读

《江西省高级人民法院关于审理网络侵权纠纷案件适用法律若干问题的指导意见（试行）》

王慧军*

为贯彻落实《中共中央办公厅 国务院办公厅 关于加强和改进互联网管理工作的意见》（中办发〔2010〕24号），进一步推进社会管理创新，积极发挥能动司法作用，更好地提供依法管理互联网的法律依据，统一全省网络侵权纠纷案件法律适用，江西省高级人民法院制订了《关于审理网络侵权纠纷案件适用法律若干问题的指导意见（试行）》（以下简称《指导意见》）。该意见经江西省高级人民法院审判委员会2011年第四次会议讨论通过，并于2011年4月21日发布，在社会上、在司法界引起了重大反响。

一、起草背景

网络的开放性或全球性、数字化或无纸化、虚拟性、交互性等不同于传统社会的特征，使得网络时代呈现出全球化、自由化、信息化和高效化特征。网络时代的这些特征已经对建立在传统社会条件下的既有民商法律制度及其理论产生了许多挑战，其中，有些是制度层面的，有些则是基本观念和基本理论层面的。包括：网络是否安全？如何看待人肉搜索？网络水军行为有没有法律去规范？一系列既关系国家安全与主权、社会稳定，又关系到每个人的合法权益与民族文明的问题。目前的网络世界是乱象丛生，亟需规范。网络虚拟社会的管理，是一个新的挑战，重视健全网络监管的法律法规，依法促进和加强网络虚拟社会管理水平已迫在眉睫。“法律是社会现实的反映”，网络时代的这些特征要求建立在传统社会条件下的现行民商法律制度和基本理论必须作出应有的回应，以

* 作者单位：江西省高级人民法院民一庭。

适应网络时代社会发展的客观需要。

《指导意见》目前发布的是第六稿，整个修改过程从成立专门调研组到正式发布历时一年多。期间我们多次在法院系统进行研讨，与省外宣办、公安网监部门、通信管理部门、司法公证部门等相关单位进行座谈，并征求了最高人民法院相关部门的意见。

二、具体解读

《指导意见》共计三十五条，其内在的框架分总则、案件的受理、案件的审理、责任的确定、司法协助义务以及附则。总则为第一至第四条；案件的受理为第五至第十条；案件的审理为第十一条至第十六条；责任的确定为第十七条至第二十九条；司法协助义务及责任为第三十条至第三十三条；附则为第三十四条、三十五条。

《指导意见》是针对网络侵权行为的，但什么是网络侵权行为现在尚无统一的定义。原第一稿中对网络侵权行为下了一个定义：网络侵权行为即在网络环境中侵害他人网络权益以及他人可以折射在网络上的人身、财产权益并应当承担民事责任的行为。有学者认为，所谓网络侵权应当是指：计算机互联网用户和网络服务提供者通过互联网侵害国家、集体或他人的民事权益而应承担相应民事责任的行为。[①]也有其他一些观点：有认为网络侵权行为即指通过网络技术平台，在网络环境下实施的侵害网络权益主体及他人的人身和财产等民事权益，应当承担侵害赔偿等民事责任的行为；[②]有认为网络侵权行为是指行为人主要通过因特网进行的侵权行为，或虽然不是主要通过网络进行，但是与网络有直接关系的侵权行为；[③]有认为网络侵权指网络使用者和网络服务提供者因过错或法律的特别规定，通过互联网采取上载、下载、在网络之间转载等行为损害国家、集体或他人民事权益应承担相应民事责任的行为；[④]还认为网络上的侵权是指未经权利人许可，又无法律根据，擅自上载、下载、在网络之间转载或在网络上行使以其他不正当的方式行使专由权利人享有的权利的行为，相反若是经过权利人许可，则不属于网络侵权。[⑤]林林总总的说法，但归根结底来看，对于网络侵权行为都认为是利用网络侵犯他人民事权益的

① 屈茂辉、凌立志：《网络侵权行为法》，湖南大学出版社2002年版，第5页。

② 达娃娜姆：《网络侵权问题研究》，载万方学位论文数据库2006年5月。

③ 李贺杰：《网络侵权案的司法管辖权问题》，郑州大学硕士学位论文，载中国知网2005年5月。

④ 邓少旭：《网络侵权研究》，贵州大学硕士学位论文，载中国知网2007年4月。

⑤ 吴敏：《网络侵权行为法律问题研究》，安徽大学硕士学位论文，载中国知网2005年4月。

行为，笔者统称为利用网络说。笔者认为利用网络说观点有失偏颇。虽然网络侵权行为也是侵权行为的一种，其与传统侵权行为并没有本质上的不同，但是其定义一定要体现出其自身的特点，否则就无法将其与传统侵权行为区分。对于利用网络说，笔者认为它主要的缺陷在于没有区分利用网络在网络环境中侵权和利用网络在现实环境中侵权的问题。例如某医药利用网络监控重症病人，他人侵入网络修改了该监控关键数据，导致重症病人死亡。该事例根据利用网络说也属于网络侵权行为，但该网络侵权行为有别于我们通常理解的具有网络特点的网络侵权行为。因此根据《中华人民共和国侵权责任法》（以下简称《侵权责任法》）关于传统民事侵权行为的规定，结合网络特点，笔者认为，网络侵权行为可以依据其网络侵权对象的特点来定义。网络侵权行为，顾名思义应当是侵犯网络权利的侵权行为，在此简单概括为网络权利侵犯说，对于网络权利，则首先是在网络上特有的权利，包括个人网上信息财产权、虚拟物品和私有虚拟空间财产权、非独创性数据库财产权、域名专用权等网络权利；同时包括可以折射在网络上的传统人身、财产权益。则网络侵权行为即在网络上侵害他人网络权利以及他人可以折射在网络上的人身、财产权益并应当承担民事责任的行为。

根据这个观点，在本意见中没有明确网络侵权行为的定义，但从网络侵权行为的责任主体及责任客体即侵权对象方面加以明确，第一条、第二条都是对网络侵权行为的责任主体的规定。在网络的虚拟世界中，谁都有可能成为侵权行为的受害者，但我们有时无法区分出谁是侵权者，无法及时发现侵权行为。在更多的时候，只有发生一定的损害或影响时，我们才发现已经成为侵权行为的受害者。基于此，确定网络侵权行为的责任主体在法律上尤为迫切。

根据《侵权责任法》第三十六条的规定，网络侵权责任主体包括网络用户和网络服务提供者。网络用户，有观点认为，依据《电信条例》与《互联网电子公告服务管理规定》等行业条例的规定，网络用户是指与电信、网络传输运营机构建立了相关电信或互联网服务合同关系，并按照合同约定向其支付服务费用的自然人、法人或其他组织。我们认为该网络用户的概念显然与《侵权责任法》中网络用户概念不同，《侵权责任法》中网络用户应当是与网络服务提供者相对而言的网络使用者，包括自然人、法人或其他组织，其中自然人网络用户通常被称为网民。由于网络用户的定义和范围存在而且容易产生争议，而且实践中网络侵权行为人不一定是网络用户，我们依据《侵权责任法》第三十六条规定“网络用户、网络服务提供者利用网络侵害他人民事权益的，应当承担侵权责任”将该主体改为侵权行为实施者及网络服务提供者。又由于本指导意见中包括刑事责任，故将“民事权益”改为“合法权益”。

网络服务提供者（ISP，全称Internet Service Provider），依据学界的划分大致包括网络内容服务提供者（ICP，全称Internet Content Provider）、网络连线服务提供者（IAP，全称Internet Access Provider）以及网络信息平台提供者（IPP，全称Internet Platform Provider）。但该划分一直存有争议，同时搜索引擎类服务提供商划归哪一类或是另属无法确定。本条意见采列举和定义并用的方式，列举熟知的一些网络服务提供商，对其他的采用符合提供网络服务者的定义方式来补充完善。

《指导意见》第二条对网络服务提供者做一个定义说明是为了更好地划分他们的责任。网络内容服务提供者是指“经过有关机构认可的、有目的地选择信息，并利用网络向不特定对象提供的主体”。简单而言，网络内容服务提供者就是为网络提供内容提供信息者，即依靠站点本身向用户发布信息及进行其他信息增值服务的主体，如新浪、搜狐、网易等综合性网络公司。网络内容服务提供者由于其网站的内容都是由该服务提供者自己主动编辑、组织和提供的，当然应该由该网络服务提供者自己负责，造成侵害他人的，应该承担直接侵权责任。网络信息通道服务提供者通常也称网络连线服务提供者，是指为信息传播提供光缆、路由、交换机等基础设施，或为上网提供接入服务，或为用户提供电子邮件账号的主体。网络连线服务提供者由于只负责互联网接入的设备服务工作，并未接触过网络信息，一般来说，它并不承担由网络信息传播所引发的侵权责任。但这并非意味着它不能成为网络侵权责任主体。根据《侵权责任法》第三十六条第二款之规定，在接到被侵权人的通知后未采取必要措施的网络连线服务提供者对损害的扩大部分与实际侵权人承担连带责任。网络信息平台提供者是指为用户提供服务器空间，或为用户提供空间，供用户阅读他人上载的信息和自己发送的信息，甚至进行实时信息交流，或使用超文本链接等方式搜索引擎，为用户提供在网络上搜索信息工具的主体。网络信息平台服务提供者种类较多，范围较为广泛，通常就有电子公告服务提供者，搜索引擎服务提供者，电子商务服务提供者、网络游戏服务提供者以及为特定网络用户提供群发、飞信、视频等特定增值服务的网络信息平台提供者。与网络连线服务提供者相比，网络信息平台提供者掌控着网络信息平台的运行，管理着平台的信息，在侵权行为发生后，如果它未履行法定的义务或是审查不严，在实践中，很有可能与实际侵权人一同成为网络侵权责任主体。

网络侵权对象也就是网络侵权的责任客体。对于网络侵权行为的研究在我国尚属于起步阶段，在理论界对网络侵权行为的责任客体尚没有一般性定义，在学者们的文章和著述中对网络侵权行为的责任客体也仅采用列举的方式。大多数列举的侵权责任客体为网络名称权侵权、网络肖像权侵权、网络名誉权侵权、网络隐私权侵权以及网络知识产权侵权。于雪峰编著的《网络侵权法律应用指南》列举的网络侵权行为的责任客体属于较为详尽的，该书中列举了三大类客体：第一类是网上侵害人身权，包括网上侵害姓名权和名称权、网上侵害名誉权、网上侵害肖像权、网上侵害隐私权、网上侵害性自主权（网络性骚扰）以及网上侵害其他具体人身权与一般人格权（网上侵害婚姻自主权、网上侵害监护权、网上侵害一般人格权）；第二类是网上侵害财产权，包括网上侵害物权、网上侵害虚拟财产权、网上侵害债权；第三类是网上侵害知识产权，包括网上侵害著作权、网上侵害商标权与域名、网上侵害商业秘密。该分类列举虽然详尽，但未能体现网络侵权行为责任客体的特点，且该书中所列网上侵害婚姻自主权、网上侵害监护权等均是将网络作为工具实施的传统侵权行为，而非特别的网络侵权行为。

对各种列举的网络侵权行为责任客体进行研究，同时结合网络侵权行为特点，对网络侵权行为责任客体做如下一般性的描述：网络侵权行为责任客体表现为网络权益，包括网络上特有的权益和其他可以折射在网络上的人身、财产权益。在前文关于网络侵权行为的定义中，其实已经提到网络侵权行为责任客体。网络权益，则首先是在网络上特有的权益，包括个人网上信息财产权、虚拟名号所有权、虚拟物品和私有虚拟空间财产权、非独创性数据库财产权、域名专用权以及不构成权利却实际存在的利益等网络权益；同时包括可以折射在网络上的传统人身、财产权益。对于可以折射在网络上的人身、财产权益，根据《侵权责任法》第二条规定“侵害民事权益，应当依照本法承担侵权责任。本法所称民事权益，包括生命权、健康权、姓名权、名誉权、荣誉权、肖像权、隐私权、婚姻自主权、监护权、所有权、用益物权、担保物权、著作权、专利权、商标专用权、发现权、股权、继承权等人身、财产权益”，其中生命权、健康权、婚姻自主权、监护权目前在网上没有相应折射的权益（当然随着科技的发展，将来有可能也会折射在网上）。但目前属于网络侵权不能侵犯的对象，其他人身、财产民事权益可以折射在网上有相应的网络权利表现形式，均可侵犯，故均属于网络侵权行为的责任客体。

利用网络作为工具侵害现实世界的人身、财产权益与侵害网络世界的人身、财产权益应当相区分。例如，医药利用网络监控重症病人，而他人侵入医药网络，修改重要数据导致病人死亡。该情况就属于利用网络侵害现实世界的人身、财产权益，网络在此只是工具，与传统侵权并无很大区别。而侵害网络世界的人身、财产权益属于特别的网络侵权，有其自身特点，也是我们所要指导的新类型侵权案件。因此为了与传统侵权案件相区别，本条范围界定体现狭义的网络侵权对象，也是本指导意见针对的侵权保护对象。

针对网络侵权案件取证难的特点，为了便于取证以及减少当事人的诉累，在自诉刑事案件不构成犯罪时法院在被侵权人申请的情况下，可以将该刑事案件转为民事案件继续审理。我们的目的就是先刑后民，通过刑事诉讼程序可以要求公安协助调查取证，此后如不构成刑事犯罪的，转化为民事案件由原合议庭继续审理。刑民转化程序在法律理论上是可行的，在学界是争议比较大的，但在司法实务中是可行的。江苏高院将涉及知识产权的刑事案件、民事案件以及行政案件统一由知识产权庭审理，其做法在司法实践中取得较好的效果。我们将网络侵权的刑事案件、民事案件统一由网络合议庭审理，期望对积累审判经验和完善相关规定都会有好的效果。

深圳市福田区法院有一个案例：原告在《起诉状》中表示，2010年4月4日下午，一位匿名网友在深圳知名的奥一网论坛上跟帖，讲述某公交线路车队“色情队长”的故事。跟帖中称，该队长与两名女人保持不正当关系，其中一人便是原告。帖中除了贬损这三人以外，更主要是表达对该公交线路的不满。跟帖中写出了原告等三人的真实姓名、工作单位和职务。原告称是通过一位同事得知网上发布的内容，她感觉受到了人身侮辱和诽谤。4月6日，原告向龙岗区平湖派出所报案。在警方协调下，奥一网的工作人员将帖中提到的人物真实姓名隐去，但一时并未删帖。然而原告认为，网帖中仍保留了原告的工作单位等信息，“使读者很容易就能对号入座”。她于数日后向法院提起诉讼，要求奥一网赔礼道歉、消除不良影响，恢复名誉，赔偿其1万元经济损失及40万元精神抚慰金。原告此前曾向福田区人民法院提出申请调查证据，法院随后曾向深圳市公安局网监分局申请调查发布侵害申请人名誉权言论的发帖者IP地址和发布者真实身份。

我们到深圳福田区法院调研时，福田区法院承办法官表示，由于不涉及刑事，公安网监分局表示调查受限，故无法查明这些信息。虽然本案原告同时起诉了网站和发帖者，但由于发帖者未查明，法院已建议原告撤回对发帖者的起诉。

司法实践中已有该做法：轻微人身伤害案件，在司法实务中存在不构成刑事犯罪时向民事案件转化的情况，为了减少当事人的诉累和便于案件的审理，将该刑事案件结案后，该案以民事案件编号由原合议庭继续审理。

《指导意见》第九条被告的身份确定是本意见中的一大亮点。在侵犯网络财产权的司法实践中，网络游戏的装备等虚拟财产被其他玩家盗取或损毁而造成价值损毁的案例最多，若虚拟财产所有人提起诉讼，毫无疑问应以侵权人为被告人。这些能够顺利确定被告人的方式是建立在网络游戏或网络服务实名制的基础上的，但是许多网络行为没有实施实名制服务，致使起诉方不知侵权人的真实身份，在诉状中也无法明确列明被告。此时，法院是否有权利查明被告的真实身份呢？网络服务提供商是否有义务披露相关主体呢？这些问题目前没有明确的法律规定。我国在该方面的立法非常滞后，存在很大的不足。有的侵权人在网上留下的侵权痕迹非常明显，如在网上以留言形式传送、散播他人的隐私，而受害人发现自己的权利被侵犯后，也只是知道侵权人的网名或IP地址，并不知道侵权人的真实身份。而即使明知侵权人真实身份，也因为难以知晓该IP或网名注册信息，也不能确定该IP或网名就是实际侵权人。

基于这个问题，在我国的网络侵权诉讼中，我们考虑对被告当事人的确定是否可以采取程序当事人理论，以更为宽松的程序当事人确定方式，即允许原告方不能明确知道侵权人的姓名、住址、职业等确定身份的因素时，可以以其网名和IP地址作为被告？由原告方申请法院调查，通过法院调查让网络服务商或网络管理部门提供侵权人身份信息。这样就可以很大程度上解决网络侵权案件的立案难的问题。但以网名和IP地址作为被告涉嫌违反《民诉法》关于起诉必须要有明确的被告的规定。基于以上考虑，我们最后创造性地确定设置当事人可以以IP地址或网络名称作为被告的预立案程序。在网络侵权案件中，起诉方如果知道确定的侵权人身份，在诉状中列明其为被告及相关身份信息即可。如果起诉方不知道侵权人的真实姓名等确定其身份的信息，则只需在诉状中写明其诉讼针对的对象的网名和IP地址。在进入预立案程序后，通过法院调查，将IP地址或网络名称更换为真实的侵权人，对无法查实的情况则不予受理。这样设置的目的有三：一是为了降低网络侵权诉讼立案的门槛，更加有力保护被侵权人的合法权益。二是法院调查可以提前介入。鉴于网络案件的虚拟性、隐蔽性，使得网络案件越来越复杂，被侵权人凭借私权无法得知侵权人的真实信息，双方信息存在不对等的情形，法院调查的可以提前介入，正是提供公权力对私权力不足情形的救济的途径，从实质上保证当事人的平等权利。三是在相关法律法规出台之前，提供一个试点，弥补目前法律之不足。新华社连续发布网评，2011年5月6日的《整治"网络水军"，法治最靠谱!》，2011年5月11日的《打击非法网络公关亮三把利剑：奖举报、快立案、重刑罚》等都提到了江西高院网络侵权的指导意见，对本条的规定大加肯定和称赞。

应当注意的是我们的规定是一个预立案程序，并不违反《民诉法》的规定，在预立案之后，法院根据案件实际，有三种处理情况：(1)被告是网络用户，可以申请人民法院依法向网络服务提供者调查被告在其网络的登记、注册资料；同时可以申请法院向公安机关网络安全监察部门调查该网络用户的真实身份信息。(2)根据网络服务提供者提供的网络登记、注册资料或者公安机关网络安全监察部门提供的信息，可以确定被告真实身份信息的，人民法院应当以相关信息载明的主体作为被告进行审理；无法确定被告真实身份信息的，人民法院应当裁定不予受理。(3)被告是网站，可以申请人民法院依法向通信管理部门或者电信运营商调查被告登记、注册的真实身份信息。

《指导意见》第十条是关于支持检察机关提起公益诉讼的。检察机关提起公益诉讼是否有法律依据？这是争论比较多的问题。我们认为检察院可以提起公益诉讼。首先，检察机关取得公益诉讼的原告资格在理论上是顺理成章的。因为程序主体理论的发展突破了传统诉讼理论的局限，不再要求诉讼中的原告必须是实体上的利害关系人，只要争议事件影响到某一主体的相关权益，该主体就可作为程序上的主体参与诉讼，检察机关作为公共利益的代表当然可以提起公益诉讼。其次，从我国现行法律规定上看，由检察机关充当公益诉讼的原告也不存在障碍。《宪法》第十二条、第一百二十九条分别规定，"社会主义的公有财产神圣不可侵犯。国家保护社会主义的公共财产，禁止任何组织或个人用任何手段侵犯或破坏国家和集体的财产"，

"中华人民共和国人民检察院是国家的法律监督机关"。上述规定表明，由检察机关充当公益诉讼的原告具有宪法依据。《刑事诉讼法》第五十三条第二款规定，"如果是国家财产、集体财产遭受损失的，人民检察院在提起公诉的时候，可以提起附带民事诉讼"。上述规定也表明，检察机关在公益诉讼案件中具有行使起诉权的法律依据。最后，从我国司法实践来看，检察机关也确实在不断尝试扮演环境公益诉讼案件的原告资格这一角色。环境公益诉讼检察院已有案例，如四川省阆中市检察院起诉群发骨粉厂环境污染损害纠纷一案就是由检察院向人民法院提起诉讼，法院受理了该案并判决检察院胜诉。江西省金溪市人民法院也受理了一起金溪检察院提起的环境公益诉讼，该案最后以调解结案。江西省检察院在参加省法院召开的网络侵权纠纷指导意见各方座谈会上，对该条意见表示非常欢迎。《指导意见》是全国第一个明文支持检察机关公益诉讼的规定。

关于电子证据的性质，人们有许多争议。一般认为电子证据属于视听资料，也有学者提出了"电子证据系书证"的观点，此外还有"物证说"、"鉴定结论说"与"独立证据说"等。《指导意见》的规定从司法实践的实用角度出发，对电子证据的性质归属并不做划分，强调的是电子文件与传统纸质文件的证据功能是一样的，这种规定的好处在于尊重司法实践中，呈现不同形态的电子证据的原有属性，并依据现有的证据体系和证据规则对电子证据进行审查。对电子证据的采信，则规定了七种采信条件，有的是与传统证据采信相同的条件，如第（一）项"当事人双方均认可的"这是一条公理，即当事人的自认。当事人双方均认可的证据在任何形态下（当然是真实意思表示，不包括胁迫等情形下的虚假认可），法院都可以采信。第（二）项"业经公证的"，这一条件是司法实践中对电子证据采信适用最广泛的一项。目前而言，业经公证的电子证据一般均被法院采信，要否认该业经公证的电子证据效力必须举证证明该公证的瑕疵或不可采信。第（三）项是"业经专家鉴定的"。电子证据的一个致命弱点是它的虚拟性导致的复制成本较低、容易被删改等特点。要想识别哪些电子证据曾经被篡改或修改过，普通民众无法验证，需要借助专家的技术鉴定。这和传统证据中对一些专业事项需要委托鉴定是一个道理，如对笔迹真伪的鉴定，对公章的鉴定等。第（四）项是"可经现场勘验的"，对于传统证据中现场勘验也是一项重要的采信条件。对于电子证据，如能进行现场的勘验，现场通过公开、正常程序进行得到的电子证据通常可以采信。《公安部计算机犯罪现场勘验与电子证据检查规则》第三条对电子证据的现场勘验也有规定“计算机犯罪现场勘验与电子证据检查包括：(一)现场勘验检查。是指在犯罪现场实施勘验，以提取、固定现场存留的与犯罪有关电子证据和其它相关证据。(二)远程勘验。是指通过网络对远程目标系统实施勘验，以提取、固定远程目标系统的状态和存留的电子数据。(三)电子证据检查。是指检查已扣押、封存、固定的电子证据，以发现和提取与案件相关的线索和证据。”第(五)项“该电子文件的签署者已经采取数字签名的”，数字签名又称电子签名，是数据电文的一种表现形式。《联合国电子商务示范法》确定的“功能等同法”中对所有数据电文的法律地位认可为与传统书面形式具有同等功能。目前，从国际立法到各国立法都采取功能等同法。我国在2005年4月1日起施行的《中华人民共和国电子签名法》第二条规定：“本法所称电子签名，是指数据电文中以电子形式所含、所附用于识别签名人身份并表明签名人认可其中内容的数据”第三条第二款“当事人约定使用电子签名、数据电文的文书，不得仅因为其采用电子签名、数据电文的形式而否定其法律效力”。第十四条规定：“可靠的电子签名与手写签名或者盖章具有同等的法律效力。”可见，已经采取数字签名的视为当事人手写签名同等的效力，除非有相反的证据。第(六)项“该电子证据系通过适当的安全程序得出的”随着计算机技术的不断发展，口令、密码、数字加密、生物特征识别等越来越多其他安全程序将被提供用来保障电子证据的真实性。以上这些安全程序如同电子签名一样，都属于数据电文形式，因此根据“功能等同法”，都具有法律效力。第(七)项“法庭认可的其他方式”是一条兜底条款，用于应对《指导意见》未穷尽的司法实践中的各种可能，对未穷尽的各种可能，把握现有证据原则和其电子证据的特点，由法庭根据其具体特点来认定是否开采信。

“人肉搜索”令人谈网色变，人们不禁联想到“虐猫女”、“抽天价烟局长”等网络事件，而自杀女白领姜某博客的公开导致广大网民对其丈夫王某的人肉搜索，最终引发王某以侵犯名誉权与隐私权提起对大旗网、“北飞的候鸟”“天涯社区”的诉讼——被称为人肉搜索第一案。该案经北京市朝阳区人民法院审理，在判决中对王某对婚姻的不忠实行为首先进行了批评，但最终肯定了大旗网等对王某的隐私权的侵犯，判令停止侵害、赔礼道歉及赔偿精神抚慰金。不少人认为人肉搜索可以在最短时间内揭露一些事件背后的真相，维护社会道德秩序，揭发贪官促进反腐，应当予以肯定。但不可回避的是，人肉搜索引发的侵犯个人合法隐私权问题到了不容忽视的地步。针对这种人肉搜索的不受约束性所造成对公民隐私和信息的侵犯，如何规范引导人们进行合法的网络行为，我们设置了第十八条的规定。对于精神损害的赔偿，最高人民法院并没有数额的限制，我省民一庭会议纪要原有一个5万的数额是适用于人身损害赔偿引起的精神损害赔偿，现已时过境迁，5万也远远不能满足实际的需要。对网络侵权纠纷中的精神损害赔偿数额太小，制裁和补偿的效果不明显，不足以产生一个法律明确的导向，我们考虑根据发帖及转帖的数量、或转帖的网站数量、造成的影响以及目前要删帖所花费的费用等来计算赔偿数额。

《指导意见》第二十二条是专门针对“网络水军”及“五毛党”行为的规制。“网络水军”最初只是在各大论坛“灌水”的个体，然而，随着网络“民意”越来越影响舆论，“水军”成为被网络公关公司雇用在网上发帖回帖造势的“群体”。曾有网络分析人士称，网民中已有不少人专职、兼职当“水军”，“网络水军”的“产业”已初具规模。“水军”们的一切活动都是网上进行，从不露面。“水军”一般分两个层级：水军头子男的被称为“团长”，女的被称为“水母”，而他们的“部属”都叫“水手”。“团长”或“水母”的职能是从网络公关公司“接单”，然后“派活”给“水手”，组织他们发帖或回帖。能成为“团长”或“水母”的人必须拥有与网络公关公司“接洽”的渠道和迅速组织聚集“水手”的能力。事实上，非法网络公关已经形成一条成熟的利益链条：企业网络公关公司、“水军团长”或“水母”、“水手”，处于链条最低端的“水手”实际上就是执行网络公关的廉价工具。非法网络公关基本上每天都在用“水军”，业务相当繁忙。“水手”的主体是一些无业或者收入低的网民，其中包括一些学生。网络公关公司一般不与“水手”直接联系，只是联系“团长”或“水母”，但也只是在线上联系。一条发帖1毛、2毛，后来涨至5毛，最新行情现为7毛。水军其实就是一个“公关傀儡”，你遥控哪个，哪个就向前拼杀。具体的指挥家，运筹帷幄的还是核心的策划团队。因此本条意见的规定主要就是打击：一是为营利的水军，二是有组织地转载的非法网络公关，为整治非法网络公关及水军提供法律依据。同时，为防止责任过于严苛，对一般的转载、跟帖网络用户与恶意转载、跟帖者进行区分，规定“网络用户明知为侵权内容而以营利为目的的转载、跟帖的；或为其他利益进行有组织地转载、跟帖的”为恶意转载、跟帖。网络公关公司的“网络水军”队伍或“五毛党”一般而言均为营利目的，但也有特别情况下不是为了营利，也有为了其他利益如打击竞争对手、报复等目的，对为其他利益的加上了“有组织地”转载、跟帖的限制。这样就比较明确了。

对于网络服务商应当对网络诽谤承担侵权责任的问题现今并没有很大的争议。英国第一例进入法庭诉讼的网络诽谤案的直接被告就是网络服务商。存在问题的是在审判实践中如何确定网络服务提供者合理审查义务的标准，什么样的情形属于“视为明知或者应当知道侵权情形存在”？首先我们来区别看待不同的网络服务提供者。网络内容提供者因其本质上与传统媒体主办者无异，是信息的发布者，因此具有事先审查的义务，且不得以信息的“海量”作为减轻或免除其审查义务的理由，网络内容提供者若未尽审查之责，即存在过错，所发布的信息内容违法侵犯他人合法权益的，网络内容提供者应单独或连带地对受害人承担侵权责任。美国的《网络法》规定，如果网站是“实施了编辑性控制的服务商”或本身就是出版商，就要承担责任。新加坡的《电子交易法》也有类似规定。而网络通道、平台等其他服务提供者由于只是信息的传播者而非发布者，一般无事先审查的义务，因其无过错而不对传播的信息侵犯他人合法权益的情形承担侵权责任。但这并不是说网络服务提供者在任何情况下都不用承担对传播信息的审查义务，网络服务提供者只是没有事先审查的义务，即信息发布前无审查义务，也无法审查，而在信息发布后，仍有审查的义务，应对用户已发布信息的合法性、真实性进行必要的审查，发现有违法情形的，应及时予以修改或删除。由于网络信息的传播不受时空的限制，用户只要有一台电脑能上网，便可以浏览、下载信息，网络信息的传播也十分迅捷，几乎做到了瞬息传递，而其传播方式又是开放性的，因此违法信息在网上传播可能产生的危害程度远远超出了传统的传播方式。也正因此，加强对网络信息传播的管制，对网络服务提供者施以必要的审查义务是完全必要的。网络服务提供者的事后审查义务同样是由其不同于传统信息传播者的法律地位决定的，法律需要做的是如何合理地确定网络服务提供者事后审查义务的标准。

合理而适当地确定网络服务提供者的事后审查义务，关键有两点：一是网络服务提供者将用户发布的违法信息予以删改的合理的时间界限；二是对违法信息的审查标准。对于前者，应根据互联网发展的现状、网络服务提供者自身应具备的条件、业界的一般观念等情况确定，一般不宜规定得过长，以防止造成不必要的危害结果。对于后者，有学者提出了“表面合理标准”，即经营者只负对信息表面依据常理进行审查的义务，它包括两层含义：首先，经营者应当剔除明显是反动、色情、侮辱人格、诽谤他人和其他明显将对社会和他人造成严重不良后果的字眼、词句和段落，即审查的主要对象是用语而非内容本身；其次，这些用语必须以公众的常识看来是明显不当的，即判断的标准是非专业编辑的一般常理。“表面合理标准”无法全面概括网络服务提供者事后审查义务的内容，一般情况下，网络服务提供者事先并不知晓，也没有理由要求其事先知晓用户发布的信息的内容，在看到该信息时，其地位与普通的网民是一样的，并不比一个普通网民更了解该信息的内容，对该信息说明的“事实”是否属实，也完全只能凭自己的主观判断，而缺乏实质审查的标准。因此，要求网络服务提供者对用户发布的信息从内容上进行严格的审查是不可能的。但是网络服务提供者依其管理职责将该侵权内容编辑、置顶、推荐等方式加以控制和利用的情形就不同了，因为其依管理职责对侵权内容进行编辑、置顶、推荐等行为就意味着其对该内容进行了实质审查，同时这些行为是为了对侵权内容加以控制和利用，客观上存在利益，此时网络服务提供者就视为明知或者应当知道侵权情形存在，与该网络用户承担共同侵权的连带责任。《指导意见》第二十三条的规定系经过与审理过大量此类案件的法官进行研讨，总结得出的。深圳中院、北京朝阳区法院的法官对该条的规定均提出了很多宝贵的意见，该规定吸取了他们已经判决的案例中的大量宝贵经验，确定了司法实践中对网络服务提供者合理审查义务的认定标准。即“网络服务提供者依其管理职责将该侵权内容编辑、置顶、推荐等方式加以控制和利用的，视为明知或者应当知道侵权情形存在”。

《指导意见》第二十九条是关于利用网络恶意报道的规定。现代媒体被誉为与立法、司法和行政并列的“第四种权力”，我们的时代也是一个舆论监督日益张扬威力的传媒时代。司法机关与新闻媒体交往越来越频繁，司法如何直面传媒，传媒如何监督司法，这都是无法回避的问题。央视《经济半小时》曾报道：“网络黑社会”，掏5万可影响法院判决。该报道指出了网络公关做出的舆论对法院判决的不正当影响的现状。法治发达的一些国家有《新闻法》，为防止舆论的不当干预对独立审判和公正审判的负面影响合法报道提供了法律依据，对法院未判决案件属于不允许报道范围，以免干扰和影响法院的正常办案。目前我国尚没有新闻法来约束对法院未决案件的报道，但《宪法》、《民事诉讼法》有保障法院依法办案不受非法干扰的相关规定。网络上对法院未决案件发布、传播失实、歪曲的报道，对案件施加不正常的影响，其实质不但严重影响到对方当事人的相对公平权，也影响到法院不受干扰的权利。本条意见的规定正是按照妨害民事诉讼的有关规定对行为人进行处罚和追究责任，尽可能维护一个对各方当事人相对公正公平的司法外部环境。该条意见在调研过程中争议非常大，主要争议在于目前是否有着明确的法律依据。但大家都认为需要对媒体的报道进行规范，不能让"舆论审判"、"恶意炒作"等影响到独立审判和公正审判，这是一个迫在眉睫的问题。最终达成的共识是虽然对新闻报道没有明文的法律规定，但从《宪法》、《民诉法》等基本法律的法律原则和法律精神来说，对影响法院独立审判和妨碍民事诉讼的行为都是有着明确规定的。

司法工作热点问题研究

农村房屋买卖合同无效情形下的赔偿问题探讨

——以农村房屋征收补偿为视角

黄书建*

当前，农村房屋因被征收可以获得巨额的补偿，导致大部分房屋出售方受利益驱动，在售房多年后对原有买卖协议予以反悔，要求回收房屋或者得到原有征收补偿的差额部分。对这类案件的处理，主要是买卖双方的利益分配，目前为止各地法院虽达成一些初步的共识，但并未形成一个统一的标准，而且地方差异化表现明显。随着这类纠纷的增加，如何妥善处理买卖双方的矛盾，已经成为当前司法实践中亟待解决的问题。笔者尝试进行初步探索，以期对这一问题的解决有所裨益。

一、关于部分损失赔偿模式的理性评价

（一）当前损失赔偿的若干司法实践

从现行司法实践来看，尽管学术界对目前的法律规定及最高人民法院的司法解释在对农村房屋买卖合同的效力可否进行确认的理解上，仍持有不同意见，但是总体来说，实务界对农村房屋买卖纠纷的处理，基本上秉持有限承认合同有效的原则，即除同一集体经济组织成员间进行买卖的合

* 作者单位：浙江省宁波市江北区人民法院。

同关系认定为有效合同外，其他一律认定无效。[①]

目前关于农村房屋买卖合同纠纷案件的处理，争议更多的是在认定无效情形下，出售方应否赔偿买受方的损失以及赔偿多少损失。综合当前司法实践，对于无效的房屋买卖合同的处理是否支持损失以及如何确定损失，一般可以归结以下几种处理模式。

第一种模式是不支持赔偿买受方损失。持这种观点的人认为，《合同法》第五十八条规定："有过错的一方应当赔偿对方因此所受到的损失。双方都有过错的，应当各自承担相应的责任。"在双方均有过错的情况下，一般来说根据过错原则，过错大的应承担的赔偿责任就大，但是在双方当事人都明知其所从事的行为违反法律或公共利益的前提下，尽管给对方造成的损失大小不一，都应由各自承担自己的损失。[②]也就是说，由于农村房屋买卖双方均违反了国家法律关于禁止农村房屋买卖的规定，因此给双方所造成的损失由各自承担。当然，出售方也就不需赔偿买受方的损失。

第二种模式是全部支持买受方的损失。持这种观点的人认为，造成农村房屋买卖合同无效的主要原因是由于房价迅速上涨，出售房屋的农民一方为获利而反悔，以致借助法律对其有利规定，违背诚实信用原则对本公堂的结果。而且买卖双方都不是故意要违反法律强制性规定，而是对该规定无知。因此，合同无效的过错应归责于出售方。所以，法院应全部支持出售方赔偿买受方的损失，包括房屋增值损失。江苏省高级人民法院在房屋买卖合同纠纷案件疑难问题法律适用研讨会综述中就明确，对农村房屋买卖合同，应当采取"无效认定、有效处理"的办法，即一方面，认定买卖合同无效，另一方面，不支持出卖人返还房屋的诉讼请求。

第三种模式是部分支持买受方的损失。农村房屋买卖合同无效不能仅仅归咎于出售方，买受方也存在一定的过错，主要是指法律上的过错。既然如此，就应具体区分过错责任的大小，确定各自承担损失的比例。特别是抛开违法这一要素来说，买卖双方在订立买卖合同时，均系当事人真实意思表示，按照契约自由原则，也应当参照合同订立时的条款进行处断。司法实践表明，出售方反悔是引起这类诉讼的主要原因，因此出售方对此

① 不过目前也有个别地方开始认定这类买卖合同的效力，例如北京市怀柔区人民法院规定：城镇居民购买农村房屋，如果在购买后进行了依法登记和产权变更手续，并且买卖行为发生时间较长，购买方已经在此长时间居住，房屋也已经翻盖或重建，而出卖方已经转为城镇居民的，该买卖合同有效。

② 我国民法学者王家福就强调："在双方故意违法的情况下，即使双方遭受了损失，任何一方也不得请求对方赔偿。"参见王家福主编：《民法债权》，法律出版社1991年版，第337页。

应承担更多的责任。①

（二）对当前司法实践的法理评析

应该说，三种处理模式都能够找到一定的法律依据或者法理基础。第一种处理模式有扎实的法理基础，大陆法系与英美法系国家对此也基本达成共识，我国早期司法实践中，在处理这类纠纷时基本上是采用这种处理模式。直到北京画家村案件发生，这种处理模式才开始发生改变。不过，这种处理模式在我国房屋买卖的适用中，产生了一个不容易克服的弊端，即在合同无效的情况下，由于房价上涨，买受方必须承受的损失极其巨大，导致引起的社会矛盾难以解决。故有学者批判："这种做法在适用法律上过于机械和呆板，在处理上过于简单，……对购买方不公平。"②

第二种处理模式主要是基于违约者不得利和民法诚实信用原则的维护发展起来的。近年来，随着农村房屋买卖进入市场的呼声渐起，以及北京画家村判例所带来的一定程度上鼓励农村房屋买卖的示范效应，一部分法学专家开始提出，基于故意违约以获利的目的不应该得到提倡，否则难以保障正常交易安全。因此，在遵照禁止农村房屋买卖的前提下判决出售方收回房屋的同时，必须让出售方全部赔偿买受方的损失，至少应最大限度地保障守约方的利益。事实上，上海、北京和全国各主要城市的法院均在尽可能地照顾买受方的利益。③

第三种处理模式则是在兼顾维护禁止农村房屋买卖法律和维护违约方不得利基本原则情形下，采取的一种折中处理办法，也是当前司法实践中最常见的一种处理办法。从法律上来说，第三种处理模式表面上看有一定

---

① 《北京市法院民事审判实务疑难问题研讨会会议纪要》（2006年9月14日）指出："此类案件成讼多缘于土地增值以及因土地征用、房屋拆迁将获得补偿安置等原因，出卖人受利益驱动而起诉。在合同无效的原因方面，出卖人负有主要责任，买受人负有次要责任。"《上海市高级人民法院关于审理农村宅基地房屋买卖纠纷案件的原则意见》（沪高法民〔2004〕4号）规定："对于将房屋出售给本乡（镇）以外的人员，未经有关组织和部门批准，如果合同已实际履行完毕，且购房人已实际居住使用该房屋的，对合同效力暂不表态，实际处理中应本着尊重现状、维持稳定的原则，承认购房人对房屋的现状以及继续占有、居住和使用该房屋的权利。"

② 郑金海：《当前农村房屋买卖纠纷案件的认定与处理》，载《山东审判》第25卷总第190期，第107页。

③ 《上海市高级人民法院关于审理农村宅基地房屋买卖纠纷案件的原则意见》（沪高法民〔2004〕4号）规定："对于将房屋出售给本乡（镇）以外的人员，未经有关组织和部门批准，如果合同已实际履行完毕，且购房人已实际居住使用该房屋的，对合同效力暂不表态，实际处理中应本着尊重现状、维持稳定的原则，承认购房人对房屋的现状以及继续占有、居住和使用该房屋的权利。"

的道理，不过深层次分析，其内部矛盾比较明显，缺乏足够法理基础。① 按照这种模式进行处理，只能衍生法律功利主义，在法律整体上进行局部突破作扩大解释，例如缔约过失包含信赖利益损失等。然而，这种处理模式既符合我国传统中庸之道，又容易接轨"调解为主、调审结合"的审判方式，而且符合迎合了我国经济发展主流，因此成为目前一种主要处理模式。

存在的就是合理的。站在维护法律效果与社会效果统一、定分止争的宏观角度，笔者比较赞成采用第三种处理模式。这也说明，我国有关农村房屋买卖的法律规定有必要进行一次梳理，并进行适当的修改、补充和完善。②

二、关于损失赔偿范围的确定

采用第三种模式处理农村房屋买卖损失赔偿，首先需要界定双方当事人各自损失的范围。通常，买受方给出售方所造成的损失比较容易掌握，但是出售方给买受方造成的损失就非常复杂。由于法律没有具体规定买受方的损失范围，笔者在此以征收农村房屋补偿相关规定作为确定买受方损失的参照。

（一）农村房屋征收补偿的一般标准

农村房屋被征收后，一般有两种补偿方式，一是调产安置，一是货币补偿。每种补偿方式农村房屋所有者最后获利可能有很大差别，由于各地具体补偿标准各不相同，这种差别还会无限制拉大。在农村房屋征收补偿中，补偿的范围大概包括：（1）房屋的补偿；（2）土地的补偿；（3）住宅安置过程中的其他费用，具体如临时过渡补贴费、搬家补贴费、附属设施补偿费、房屋装饰补贴费。房屋的补偿，是指房屋重置价格，主要是根据房屋结构和成新率进行计算。土地的补偿，是指土地的区位价值，一般是根据房地产开发企业向社会销售的各级地段钢混二等普通住宅平均价格进行确定。另外，最终补偿计算结果还受家庭人口等的影响，考虑到计算的复杂性，这里就不再一一展开。

另外，有些地方在征收农村房屋时实施扩户政策，以照顾困难家庭，减少征收过程中纠纷的出现，保障征收顺利实施。

---

① 有学者认为，这种处理模式的法理基础是过错原则，买卖双方均有过错，因此互相应赔偿对方的损失。参见郑金海：《当前农村房屋买卖纠纷案件的认定与处理》，载《山东审判》第25卷总第190期，第107页。但是笔者认为，上述观点忽视了买卖双方的违法性基础。

② 特别是禁止农村房屋买卖的规定应当作适当的变通。

（二）农村房屋出售方的损失范围

在农村房屋买卖合同中，由于合同无效给出售的一方造成的损失比较少，也容易确定。一般来说，出售方的损失就是买受方购买居住使用期间使用费用，这已经达成了共识。至于该损失的计算标准，主要是参照同类房屋出租的租赁费用进行确认。但是出售方的房屋使用损失在目前司法实践中很少得到支持，不少判例采取与买受方的银行利息损失相抵进行处理。

（三）农村房屋买受方的损失范围

在农村房屋买卖合同中，买受方因合同无效造成的损失范围如何认定，一直是一个争议较强的问题。早期对此类案件处理是不多考虑买受方的损失，因此法律没有对此作出相应规范。为解决买受方的损失有理可依，有学者提出，买受方的损失大多为信赖利益的损失，包括直接损失和间接损失。直接损失包括缔约费用、准备履行所支出的费用以及两项费用的利息；间接损失是受害人丧失与第三人另订同类合同的机会所产生的损失。在农村房屋买卖合同中，间接损失，是指购买农村房屋的合同无效必然导致买受人丧失与其他人另订合同的机会，结果是买受人无法享有因房屋价格上涨而带来的增值利益。① 信赖利益损失是否包括间接损失？合同无效需不需要赔偿间接损失？上述两个问题暂时还不能统一意见，可是司法实践中已经开始采用信赖利益作为判决出售方赔偿损失的理论依据。

另外，从上述观点还可以看出，买受方的损失主要是房屋增值利益，这种增值利益主要表现为土地的补偿。至于房屋补偿损失和住宅安置过程中的其他损失，如临时过渡补贴损失、搬家补贴损失、附属设施补偿损失、房屋装饰补贴损失是否涵盖在买受方的损失范围内，仍未达成一致意见。在北京画家村李玉兰诉马海涛一案中，李玉兰要求的搬家费等损失没有得到法院的支持。

从目前来看，买受方的损失主要是指银行利益息损失和购买房屋的差价损失。例如，上海在处理这类案件时，就是遵循这一范围。② 也有观点

---

① 戴孟勇：《城镇居民购买农村房屋纠纷的司法规制》，载《清华法学》2009 年第 5 期，第 22 页。

② 《上海市高级人民法院关于审理农村宅基地房屋买卖纠纷案件的原则意见》（沪高法民－（2004）4 号）认为，对于将房屋出售给本乡（镇）以外的人员，未经有关组织和部门批准，但合同已实际履行完毕，且购房人已实际居住使用该房屋的，若系争房屋已经拆迁或者已纳入拆迁范围的，应在扣除购房人的购房款后，充分考虑购房人重新购房的合理支出，由购房人与出卖人按比例取得补偿款，其分割比例一般可以考虑在 7：3 左右。

认为，买受方的损失范围难以明确，可以依参照出售方所获利益计算。这种观点不再区分直接损失和间接损失，而是对损失计算方法作合理采纳，一定程度上有利于案件的处理，因此也能获得司法实践的支持。①

（四）注意区别损失与返还物、折价物

根据合同法规定，合同被确认无效后，双方当事人因该合同取得的财产，应当予以返还；不能返还或者没有必要返还的，应当折价补偿。在城镇居民购买农村房屋的合同被确认无效后，出售方应当返还的是买受方购房款；买受方应当返还的是出售方农村房屋。关于购房款的利息与农村房屋使用费是损失还是返还物存在一定的争议，笔者对此不作深入探讨，统一以损失看待。

在买受方对房屋进行装修、改建、翻建或者扩建的情况下，如果买受方对房屋所做的变动，仅仅构成动产对不动产的附合，其所有权归买受方；如果所做添加不能独立出来，由出售方折价补偿买受方；如果在原宅基地的空闲处另建新房，新房的重置款归买受方；如果买受人已将原房屋拆毁重建，酌情考虑新旧房的差价补偿给买受方。上述变动均应视为买受方已经经过出售方同意所作的善意变动。

在目前司法实践中，对返还物、折价物认真处理的法院不多，多数法院出于简便，或者由于当事人的不诉求，在判决书中不作体现，或者即便体现也是一笔带过。在笔者查阅到的大多数此类案件判决中，法院都不要求买卖双方相互返还房屋使用费和购房款利息，而是直接就房屋及价金的返还、装修等添附价值的补偿、赔偿损失等内容作出判决，甚至将装修等

① 《北京市法院民事审判实务疑难问题研讨会会议纪要》（2006 年 9 月 14 日）指出：“在合同无效的处理上，应全面考虑出卖人因土地升值或拆迁、补偿所获利益，以及买受人因房屋现值和原买卖价格的差异造成损失两方面因素，平衡买卖双方的利益，避免认定合同无效给当事人造成利益失衡。”

添附价值的补偿纳入赔偿损失之中不作区分。①

（五）扩户收益与住宅安置过程中有关补贴的问题

在农村房屋征收过程中，由于各地政策不同，对被征收人的补偿项目、金额有所不同。例如，在宁波市范围内征收，对困难户专门规定了一项扩户政策。另外，在住宅安置过程中，各地均会规定不同种类的补贴或者奖励。这些因征收而产生的收益能否列入买受方的损失呢？对此，司法实践也有两种不同观点。一种观点认为，征收过程中产生的收益可以分为两类，二是基于农民的身份产生的收益，一是基于征收政策产生的收益。对于基于身份产生的收益只能归身份所有者所有，如针对困难户主的扩户收益，对于基于征收政策产生的收益，又可以具体情况具体分析，如搬迁费、临时过渡费是补助给需要搬迁的人，这部分费用不应列入损失范围②；而搬迁奖励费等费用，由于买卖双方的积极配合才能获得，因此可以列入损失范围，以平衡双方利益。另一种观点认为，出售方的所有增加收入均应列入损失范围，在买卖双方进行合理平衡。笔者认为，第一种观点考虑问题比较全面，有利于法律社会效果实现，有利于案件妥善处理，应予以支持。

综上分析，在现有法律规范不足以及各地补偿政策差异的前提下，具体而又详细地明确出售方与买受方损失范围的可能性不是很大。因此，笔者认为，在确定损失范围上，可以结合损失概念的一般认知和损失计算进行界定，这是一个总的原则。也就是说，损失范围应是在区别买卖双方的

---

① 参见钱军、徐爱贤、许桂林：《城里人乡下买房行不通！》，载《江南时报》2002年12月8日，第7版；孙之智文；王秋实：《卖小产权房反悔被判补钱》，载《京华时报》2008年1月24日，第13版。参见北京市第二中级人民法院（2007）二中民终字第13692号民事判决书：在“刘月杰等与秦莉等房屋买卖合同纠纷上诉案”中，二审法院认为，关于上诉人要求被上诉人给付房屋宅基地土地使用费1400元的问题，“因上诉人出卖争议房时，房屋占有的宅基地亦应一并转让，被上诉人占有争议房所在的宅基地有合同依据，且上诉人至今还占有双方约定的合同对价，故上诉人的此项主张，因没有法律依据，本院亦不予支持”。参见辽宁省沈阳市中级人民法院〔2007〕沈民（2）房终字第56号民事判决书。此外，在一些非法转让集体土地使用权或宅基地使用权的案件中，法院认定买方自身对合同无效也存在过错，故不支持其要求卖方赔偿利息损失的诉讼请求。参见“乐清市乐成镇马车河村村民委员会与章贤芬土地使用权转让纠纷上诉案”，浙江省高级人民法院（2001）浙法民终字第47号民事判决书；“吴木胜诉黄荷花等宅基地使用权纠纷案”，海南省海南中级人民法院（2002）海南民二终字第252号民事判决书；“宗燕与陈蓉等房屋买卖合同纠纷上诉案”，四川省成都市中级人民法院（2008）成民终字第942号民事判决书；“金某诉盛某房屋买卖合同纠纷案”，上海市青浦区人民法院（2008）青民三（民）初字第737号民事判决书。

② 在买受方转租的情况下，搬迁费、临时过渡费的处理现在也比较模糊。笔者认为，在转租合同未到期的情况下，应给予承租人。

各自财产后，所有出售方可因为房屋返还而增加的收益。

三、关于损失赔偿标准的确定

在损失范围确定后，农村房屋买卖合同无效情形下损失赔偿标准的确定，对买卖双方利益分配至关重要，是诉讼中争议的重要内容。根据该房屋是否列入征收范围，损失赔偿标准的确定有所不同，下面分别进行讨论：

（一）征收模式

在已经被征收或者列入征收的范围内，买卖双方损失标准的确定首先是参照房屋征收部门规定的各项补偿标准。无论出售方选择调产安置或者货币补偿，征收部门对涉及的房屋重置价、住宅基本造价和商品住宅平均价格等均有详细规定，法院只需在区分损失范围基础上，按照征收标准进行判定。必须说明的是，在折价时，买受方所要求的折价标准不得高于征收部门规定的征收标准。例如装饰物折价，不能高于征收部门规定的房屋装饰补贴标准。当然，对房地产价格评估机构按照房屋征收评估办法评估确定补偿标准有异议的，买卖双方可以向房地产价格评估机构申请复核评估。对复核结果有异议的，可以向房地产价格评估专家委员会申请鉴定。法院按规定处理即可。

需要提及的是房屋增值利益的计算。在货币补偿形态，出售方在取得安置补偿款后，应将其中的一部分直接赔偿给买受方。在调产安置形态，可以按安置房市场价与优惠价之间的差价而不是商品房平均价扣减房屋重置价确定房屋增值利益，然后由双方合理分配。

（二）未征收模式

在未涉及征收的农村房屋买卖合同中，损失标准的确定相对简单。一般做法是将发生纠纷时房屋的市场价与双方买卖时的房价相抵减后的差额作为房屋增值利益。这里要注意的是纠纷时房屋的市场价如果包含了买受方增值因素，则必须将这一因素剔除。比如说房屋翻建或重建引起的房屋增值部分，只能归属买受方。最终确定损失标准考虑的因素很多，即使有房屋评估机构的评估认定，争取买卖双方同意仍然是最妥当的方式。对于认定差价损失的时间点，则应从保护守约方的利益出发，以守约方的请求为基础，结合合同约定的履行期限届满之日、违约行为确定之日以及审理中房屋的涨跌情况等合理确定。

如果买受方已入住，可能涉及搬迁赔偿内容。征收状态下，搬迁费标准有明确的规定。但未征收时，搬迁费用如果不能协商一致，应该以实际发生的搬迁费用作为赔偿标准。

除上述简单买卖情形，农村房屋买卖还存在转卖等复杂情形。买受人将房屋转让给第三人后，如果第三人符合购买农村房屋条件，也就是第三人与原出售方属于同一集体经济组织，按照法律规定，该买卖合同应属有效。对此，买受方由于不能返还原物，故只能在其获利的范围内合理赔偿出售方。[①] 因此，损失标准就是买受方的获利。如果第三人不具备购买农村房屋的合法条件，在这种情况下如何确定损失标准，问题就复杂得多。[②]

四、关于损失赔偿过错责任的分配

（一）各地有关过错责任分配的政策

农村房屋买卖合同无效，买卖双方各应承担多大责任，各地规定略有不同。

1. 上海。2004 年，上海市高级人民法院在《关于审理农村宅基地房屋买卖纠纷案件的原则意见》中规定，对于将房屋出售给本乡（镇）以外的人员，未经有关组织和部门批准，但合同已实际履行完毕，且购房人已实际居住使用该房屋的，若系争房屋已经拆迁或者已纳入拆迁范围的，应在扣除购房人的购房款后，充分考虑购房人重新购房的合理支出，由购房人与出卖人按比例取得补偿款，其分割比例一般可以考虑在7：3左右。

2. 北京。2006 年，北京市高级人民法院在《北京市法院民事审判实务疑难问题研讨会会议纪要》中指出："此类案件成讼多缘于土地增值以及因土地征用、房屋拆迁将获得补偿安置等原因，出卖人受利益驱动而起诉。在合同无效的原因方面，出卖人负有主要责任，买受人负有次要责任。"在具体的判例中，北京市第一中级人民法院审理的一起案件中，法院判决买受人向出卖人返还 20% 的拆迁补偿款。[③]

3. 青岛。2006 年，青岛市中级人民法院在《关于审理农村宅基地房屋买卖纠纷案件相关问题的意见》规定："宅基地房屋买卖合同被确认无效后，依据合同取得的财产应予以返还。不能返还或没有必要返还的，应

① 在北京市顺义区人民法院审理的一个案件中，原告庄某将其位于顺义张村的房屋以 4.5 万元的价格卖给了杜村村民林某，后林某将该房屋卖给同属张村村民的尤某。庄某将林某诉至法院，要求返还房屋。法院经审理认为，被告并非涉诉房屋集体经济组织成员，亦未办理相关审批手续，故应认定买卖行为无效。但涉诉房屋已卖给第三人，且第三人系张村村民，被告已无能力承担返还财产的义务，故根据相关法律规定，应当折价补偿。参见仇越峰：《房屋买卖判无效无奈房子收不回》，载北京法院网 http：//bjgy. chinacourt. org/public/detail. php? id = 56897&k_ w = 农村房屋，2007 年 9 月 25 日。

② 由于笔者能力有限，这里不再深入展开。

③ 王秋实：《农民卖房后告买主讨拆迁款—法院认定原告违背诚信原则判决买主除去房款后返还 20%》，载《京华时报》2009 年 6 月 12 日，第 11 版。

按照起诉之日宅基地房屋的评估价格折价补偿。合同无效双方均有过错，各自承担责任份额约为50%。”

从我国几个主要城市的规定可以看出，其一，买卖双方担责比例悬殊。据了解，笔者所在的宁波各基层法院，责任承担比例也有很大的差别。其二，不少地方在买卖双方的责任上进行统一规定，不再考虑买卖双方具体情况。例如上海就明确规定买卖双方的责任比为7∶3。

（二）固定责任与浮动责任的论争

固定责任，是指农村房屋买卖双方的责任固定，无论何种买卖情形，均统一适用这一责任比例分担责任；浮动责任，是指规定农村房屋买卖双方的责任幅度，法官在这一幅度内，可以视买卖具体情况适用不同责任比例。在适用固定责任与浮动责任上，司法实务中争论比较激烈。固定责任说认为，农村房屋买卖合同是违法合同，结合实际作出统一责任比例有利于减少案件处理中产生不必要的纠纷，有利于法官顺利结案。浮动责任说认为，虽然买卖双方均违法而为，但完全无视农村房屋买卖合同订立时的具体情况，对买卖双方有失公允，同时，采用浮动责任可以方便法官充分发挥调解职能。

笔者认为，固定责任与浮动责任在司法实践中都有其一定优势，也都存在不少的弊端。虽然农村房屋买卖合同是违法无效的，但是这种违法无效的起因还是多样的，应该作一定的区别。如果采用一刀切的方式，法律的公正公平难以体现。古罗马法学家乌尔比安说：“法是善良和公正的艺术。”[①]为更好体现法的公正的精神，在一定程度上牺牲固定责任结案的效率，并不违反公正与效率这对矛盾之间的关系。

（三）浮动责任相对统一的几点建议

在法律规定上，对买卖双方的责任作主次划分是合适的，因为作为市场主体，农民和城镇居民在交易秩序中的地位是平等的，不能因为农民抵御风险的能力差就认为城镇居民的购房行为是欺诈，而从纠纷现状看，也多是农村房屋出卖人因房屋价格上涨或征收等原因诉诸法院要求确认合同无效。但是在适用过程中，如果没有相对统一的标准，主次划分的弊端可能会无限制的放大。为此，各地法院需要树立共同的理念，采用类似的标准。

1. 大致统一责任分担的比例。从司法实践看，主次责任的划分主要是出售方承担主要责任，买受方承担次要责任，具体比例上以8∶2和7∶3两

① 参见万鄂湘：《中美诉讼制度比较看司法公正与效率问题》，载 www. tyfw. net/dis-pnews. asp? id =2483

种责任分担方式比较常见。笔者也认为，采用9∶1或者6∶4的责任分担方式不利于这类案件的处理，难以让买受方或出售方接受，只能作为极个别情况适用，如城镇居民恶意购买或者农村房屋出售时间特别长等原因。

2. 统一责任分担比例的标准。对具体的责任的判断标准，也就是何时采用8∶2比例，何时采用7∶3分担比例，笔者提出以下几点建议：

第一，时间因素。为禁止城镇居民购买农村房屋，遏制炒房现象，国务院办公厅于1999年5月6日专门发布了《关于加强土地转让管理严禁炒卖土地的通知》，该通知明文规定，"农民的住宅不得向城市居民出售，也不得批准城市居民占用农民集体土地建住宅，有关部门不得为违法建造和购买的住宅发放土地使用证和房产证"。也就是说，1999年5月以后，城镇居民仍然购买农村房屋，其违法主观恶性相对较大。因此，之前购买的农村房屋在责任分担上更适合采用8∶2比例。同时，双方订立合同的时间越长，越能体现双方订立合同的目的，更深层次反映双方订立合同的善意，当出售方为获利而违约时，其所承担的责任应更多。

第二，身份因素。这里所说的身份因素，是指购买农村房屋一方所具有的农民或居民身份。1999年后，我国法律明确规定城镇居民不能购买农村房屋，但是对于农民之间房屋买卖并未有相应法律规定。我们知道，目前我国法律只肯定了同村农民之间房屋买卖的合同效力，对于不同村农民之间的房屋买卖也作无效认定。但是比较法律对待居民买房与外村农民买房二者之间的态度以及法律在这一问题上宣传的广度，笔者认为，农民之间买房较居民与农民之间买房，作为买受方，农民所应担负的责任应更小，适合采用8：2比例。

第三，购房目的。购买农村房屋，买受方原因可能多样，但是目的一般只有两个，一个是自住，一个是投资。我国人口数量庞大，需要确保18亿亩耕地红线。如果任由投资农村房屋，对我国社会稳定将产生激烈冲击。因此，必须加大打击农村房屋投机力度，对购买农村房屋非为自住原因，其所承担的责任必须不同于买房自住者，最多只能适用7：3分担比例。为了避免自住的假象，可以限定自住的时间，自住时间越长，其所承担的责任就越小。

第四，政策因素。除法律外，政策对农村房屋买卖具有较强的导向作用，各地为了发展经济的需要，在不影响农村土地利用前提下，有时会适当放开部分农村房屋买卖。例如，在浙江不少地方，为解决劳动力或者发展农村经济需要，允许外来人口购买农村房屋。虽然地方政策与上位法律相背离，但是这种买卖中的购买方并没有主观恶意，因此我们不能在处理这类案件时，让其背负过多的责任。

在划分责任时，上述几个界定因素均可以单独考虑，但是在相互冲突时，如城镇居民购房自住，则需要综合衡量，着力考察购房时的具体原因。

实用艺术作品保护中著作权与外观设计专利权的竞合与冲突

姚建军* 冉崇高** 赵 克***

伴随着人类越来越多地追求生活的品质，富有美感的外观也越来越成为消费者购物选择的重要因素，著作权与外观设计专利权的竞合与冲突也愈加频繁。著作权与外观设计专利权的竞合表现在同一权利人对同一知识产权客体分别享有著作权与外观设计专利权，著作权与外观设计专利权的冲突则表现为不同权利人对同一知识产权客体依法衍生出著作权与外观设计专利权，且并存的两种权利相互矛盾或抵触。当前，著作权与外观设计专利权二者之间的竞合与权利冲突已成为实务界和理论界关注的热点和焦点问题，司法实践中和理论上对同一客体应否给予著作权与外观设计专利权双重保护以及发生冲突时如何解决观点不一。本文拟以实用艺术作品的保护为视角，以著作权、外观设计专利权竞合与冲突的原因为切入点，提出解决我国著作权及外观设计专利权竞合和冲突的进路。

一、实用艺术作品内涵界定

世界知识产权组织《伯尔尼保护文学和艺术作品公约指南》对实用艺术作品定义为："公约使用这个综合词（实用艺术作品）来泛指小装饰物品、珠宝饰物、金银器具、家具、墙纸、装饰物、服装等制作者的艺术贡

* 陕西省西安市中级人民法院民四庭庭长。

** 重庆市第五中级人民法院研究室主任。

*** 重庆市第五中级人民法院研究室干部。

献。”此定义确立了实用艺术作品的使用范围。世界知识产权组织编写的《版权与邻接权法律词汇》对实用艺术作品的定义为具有实际用途的艺术作品，无论这件作品是手工艺品还是工业制品。由此定义可以看出，只有同时具备了实用性和艺术性两方面特征的作品，才构成实用艺术作品。我国法律上没有对实用艺术作品进行规定，但顾名思义，实用性和艺术性是实用艺术作品的两个最基本特征。我国有学者把实用艺术作品定义为同时具有实用性和艺术性特征并具有独创性能够被有形复制的造型艺术作品有很大合理性。[①] 就实用艺术作品的内涵来看，实用艺术作品首先是一种作品，符合我国著作权法上关于作品的要求；同时还必须是具有实用性和艺术性特征的作品，不论其艺术性是否必须依托于它的实用性而存在，也不论该种实用艺术作品是手工制造的还是工业生产的。对于实用艺术作品的保护，有学者提出实用艺术作品可以作为“立体的造型艺术作品”，以美术作品形式予以保护[②]，这种观点有一定的合理性。但如果实用艺术作品独创性较高，且适于工业应用，可以通过工业手段进行大量生产或复制，也可以采取外观设计专利的保护模式。实用艺术作品的实用性和艺术性的双重特点是其外观设计专利权和著作权竞合和冲突的重要原因，这也是本文研究的起点。

二、实用艺术作品著作权保护与外观设计专利权保护之区分

（一）取得权利的条件不同

著作权法上的作品要求具备独创性，以创作为前提。关于创作行为，《著作权法实施条例》第三条规定，“创作，是指直接产生文学、艺术和科学作品的智力活动。为他人创作进行组织工作，提供咨询意见、物质条件，或者进行其他辅助工作，均不视为创作”。以被保护实用艺术作品的美术作品为例，著作权法中规定是具有审美意义的平面或立体艺术作品。如何把握“具有审美意义”？笔者认为对具有审美意义的把握不宜过宽，一件艺术作品可能在别人看来并不美观，但对于创作人来说仍不排除有审美意义。而从外观设计的定义可以看出，取得外观设计专利权的条件有以下四个：（1）是对产品的形状、图案、色彩或其结合作出的设计；（2）该设计需要富有美感；（3）该设计需适于工业上应用；（4）该设计必须是新的设计。艺术作品必须把具有个人独创性观点的（美学上的）可视性内容

① 蒋强、李自柱、吴江：《著作权纠纷新型典型案例与专题指导》，中国法制出版社2009年版，第232页。

② 张广良：《论实用艺术作品的著作权保护》，载《中国版权》2008年第6期。

体现出来，为了某种纯粹的使用目的所制造出来的形体则不属于这种情况，尽管为了使用目也不会有多大妨碍，但是必须要“多出那么一点点的美感”。[①] 由此可知，取得外观设计的条件要更为苛刻一些。“富有美感”本身就是一个客观标准，比“具有审美意义”有更严格的要求。

（二）权利取得方式不同

著作权与外观设计专利权在权利的取得方式上存在很大不同。著作权采取的是自动取得原则，作品一旦创作完成，作者就可以享有著作权，无需经过登记或审批。而获得外观设计专利权授权之前，要向国家专利局提出申请，提交请求书以及该外观设计的图片或者照片等文件，并且应当写明使用该外观设计的产品及其所属类别。专利局经过初步审查没有发现有驳回理由的，给权利人发放相应的专利权利证书，同时予以登记和公告，权利从公告之日起方为有效。可以看出，取得外观设计专利权的程序比取得著作权的程序要复杂。

（三）是否具有排他性存在不同

外观设计专利权人取得外观设计授权以后，权利人就获得该专利的独占实施并排除他人干涉的权利，这就是外观设计专利权的排他性。具体表现为权利人可以禁止他人实施和其外观设计相同或相似的外观设计。外观设计专利权的排他性在侵权判定方面亦有体现，外观设计侵权判定采用的是整体比对，整体相同或相似即构成侵权，并不要求一一相同。而著作权并不具有排他性，著作权不保护思想，只保护思想的表达形式，著作权人无权禁止他人创作出相似的作品。后创作的作品只要表达方式和前部作品不同，或如果著作权人不能证明行为人接触过或可能接触过其作品，就不能被判定为侵权。

三、实用艺术作品保护中著作权与外观设计专利权竞合与冲突之缘由

（一）缘何竞合：著作权与外观设计专利权归于同一人

实用艺术作品保护中著作权与外观设计专利权产生的竞合，一定是著作权在先，外观设计专利权在后，这也是由著作权可以不经审批或登记即可取得的方式所决定的。通常的模式是，著作权人在实用艺术作品创作完成取得著作权以后，再以该实用艺术作品为全部内容或主要内容申请外观设计专利权，从而获得两种权利。还以保护实用艺术作品的美术作品为例，《著作权法》明确规定美术作品是指绘画、书法、雕塑等以线条、色彩或者其他方式构成的有审美意义的平面或者立体的造型艺术作品。平面

① ［德］M. 雷炳德：《著作权法》，张恩民译，法律出版社2005年版，第140页。

或立体的美术作品之所以受著作权法保护，是因为具备独创性。而外观设计通过形状、图案或者其结合以及色彩与形状、图案的结合，构成对产品外观三维空间的造型设计或者二维平面设计，富有美感且适于工业应用是授予外观设计专利权的一个必要条件。实用艺术作品除了符合著作权法上美术作品条件之外，还兼具有实用性特征，如果适于工业应用就有可能取得外观设计专利权。也就是说，实用艺术作品被创作完成后，创作人即享有著作权。此时，如果著作权人再以此申请外观设计专利获得授权，就会出现由此同一客体而产生的著作权和外观设计专利权。最终导致外观设计专利权人一方面享有外观设计专利权。另一方面由于其外观设计专利中的该富有美感的三维或者二维的实用艺术作品又构成了著作权法中的美术作品，可以享有著作权，出现了著作权与外观设计专利权的权利竞合。

（二）何来冲突：著作权与外观设计专利权归于不同人

著作权与外观设计专利权之所以产生冲突，表面原因在于同一或相似客体的著作权与外观设计专利权分别归不同人享有。我国对著作权保护采取的是自动保护原则，作品创作完成即享有著作权。而外观设计专利权需要向国家专利局申请并获得审批后方可获得授权。由于专利局对是否授予外观设计专利权采取的是形式审查，就可能出现外观设计专利申请人申请的外观设计内容属于他人享有著作权的实用艺术作品的全部或一部分的情形。当外观设计专利权被专利局授权以后，权利冲突就不可避免。著作权与外观设计专利权归于不同人所有具体分为以下三种情形：（1）外观设计内容全部或主要部分是他人享有著作权的内容。产品外观三维空间的造型设计或二维平面设计全部或主要部分取材于他人享有著作权的作品，没有任何修改或变动。去除他人享有著作权的内容以后，整个外观设计将不复存在。（2）外观设计内容只有少部分是他人享有著作权的内容。外观设计作为一个整体设计，其中只有很少一部分取材于他人享有著作权的作品，去除他人享有著作权的相同部分内容后，外观设计整体上不受的影响，从外观来看仍是一个完整的外观设计。（3）外观设计内容和他人享有著作权的内容相近似。外观设计的三维或二维设计和他人享有著作权的内容相近似，由于著作权的思想表达二分法，著作权人并不能排斥他人的相似作品，因此这种情形不会产生著作权与外观设计专利权的冲突。因此，著作权和外观设计专利权的冲突是前两种情形。

（三）寻根究底：著作权与外观设计专利权竞合与冲突之深层原因

著作权与外观设计专利权之所以产生竞合与冲突，首先，是由知识产权的无形性决定的。知识产权客体是相对独立于传统意义的“物”的另类客体，不具有有形的物质形态，不占用一定的空间。知识产权的无形性作为知识产权最重要的特点，决定了权利人很难通过占有的方式来保护自己的权利，从而为知识产权保护带来了一定的困难。① 知识产品一旦传播，极可能为第三人通过非法途径所“占有”。也因为知识产权的无形性，使得这种标的所有人之外的使用人，因不慎而侵权的可能性大大高于有形财产的使用人。② 因此，知识产权各种权利间范围及界限不易被人们感受到，且在权利冲突的表现形式上，不像物权产生冲突时表现出来的是有形的损害，知识产权权利冲突及其危害往往具有较大的隐蔽性。其次，著作权与外观设计专利权产生竞合和冲突，是由立法不尽完善造成的。权利与客体的依附关系是由法律规定而非天然自生的，著作权法和专利法都属于单行立法，分别对取得著作权的条件和取得外观设计专利权的条件分别作了规定。虽然各单行法在制定过程中，在某种程度上也会顾及与相邻知识产权单行法间的协调问题，但不容否认，这种考虑是十分有限的。各单行法从不同侧面不同角度对同一客体规定出不同的权利在所难免，由此引发了分别受不同单行知识产权法律保护的权利不可避免的碰撞，出现竞合或冲突。最后，经济利益的驱动同样会加剧知识产权的权利冲突。知识产权权利人通过智力、财力对知识产品作了辛苦创作或大量宣传，使该知识产品有了较大美感、较强功能或较大名气之后，后行为人为了走捷径获取非法经济利益，就会出现“搭便车”的行为，从而出现权利冲突。

四、著作权与外观设计专利权竞合与冲突之解决进路

（一）权利竞合：著作权与外观设计专利权归同一人的保护路径

1. 并驾齐驱的双重保护原则

著作权与外观设计专利权归同一权利人所有的情况下，笔者认为双重保护原则符合当今发展趋势。双重保护就是对既符合作品要件又符合外观设计专利授予要件的实用艺术作品，同时给予著作权法保护和外观设计专利法保护。我国司法实践中对实用艺术作品采取著作权与外观设计专利权双重保护始见于英特莱格公司诉可高玩具公司著作权纠纷案③，英特莱格公司是53种乐高玩具积木块实用艺术作品在中国的著作权及相关权益的所有者，并就相关实用艺术作品在中国申请了外观设计专利。可高公司认为

① 张广良：《知识产权侵权民事救济》，法律出版社2003年版，第10页。

② 郑成思：《知识产权（第三版）》，法律出版社2007年版，第46页。

③ 详见北京市第一中级人民法院（1999）一中知初字第132号民事判决书及北京市高级人民法院（2002）高民终字第279号民事判决书。

我国法律对实用艺术作品著作权和专利权没有提供双重保护，北京市高级人民法院认为没有证据表明我国法律对于外国人的实用艺术作品排斥著作权和专利权的双重保护。英特莱格公司就其实用艺术作品虽然申请了中国外观设计专利，但并不妨碍其同时或继续得到著作权法的保护，北京市高级人民法院维持了一审判决，认定被告可高玩具公司侵犯了英特莱格公司的著作权。这两个判决也是我国给予实用艺术作品双重保护的初次尝试。然而，不同的判决结果出现在三茂公司诉永隆商行著作权侵权纠纷案中①，原告三茂公司于1998年委托董文海设计完成香麻油的包装标贴，约定著作权归原告所有。2000年3月，原告将该包装标贴向国家知识产权局申请了外观设计专利并获得授权，后来三茂公司未缴纳年费，该包装标贴的外观设计专利失效。随后原告发现被告永隆商行未经许可经销贴有上述标贴的香麻油，便向法院提起诉讼。一审法院经审理认为，三茂公司对涉案标贴作品拥有的著作权，因其选择了外观设计专利权保护，而外观设计专利已进入公共领域，从而失去了著作权的保护。二审法院也认为三茂公司自愿将涉案标贴申请并获得外观设计专利权，涉案标贴已从版权保护进入工业产权保护，现该外观设计专利已进入公共领域，故被告并没有侵犯原告的权利。有类似观点认为三茂公司疏于权利的维护，致使观设计专利因未缴纳年费而失效，从而进入了公有领域，已经成为社会公众均可以使用的公共财富。并从著作权的公益属性出发，认为已进入公有领域的知识产品，成为社会公共财富的作品。因此该失效的外观设计专利权不再受著作权法保护。②而持相反观点的学者则认为，失效外观设计专利如果仍然符合著作权法规定的保护条件，不能仅仅因为其曾经受到专利法保护的事实而拒绝继续给予著作权法保护。知识产权双重或多重保护并不会破坏知识产权的公益目标，而是全面、充分保护权利人利益的必然要求。③ 笔者认为，对于既符合作品要件又符合外观设计专利授予要件的实用艺术作品，同时给予著作权和外观设计专利权保护是合理的而且正当的。著作权与外观设计专利权两种权利取得机制存在差异，使得两种权利具有同时合法存在的基础，这也是“一体两权”存在的根本原因。即使是实用艺术作品经著作权人申请又被授予了外观设计专利权，也不会因此使作者的著作权丧失。更

① 详见深圳市中级人民法院（2004）深中法民三初字第670号民事判决书和广东省高级人民法院（2005）粤高法民三终字第236号民事判决书。

② 钱翠华：《失效的外观设计不再受著作权法保护》，载《人民司法·案例》2009年第14期。

③ 凌宗亮：《失效的外观设计仍受著作权法保护》，载《人民司法·案例》2010年第4期。

进一步说，即使两种权利中的一种权利过期、失效或者被无效，另外一种权利仍然存在。外观设计专利权和著作权取得和授予条件不同，一种权利的丧失和另外一种权利的存在与否没有任何关系。

2. 权利保护中的意思自治与必要限制

在实用艺术作品同时具备著作权保护要件和外观设计专利权授予条件下，意思自治原则允许权利人选择著作权法保护，也可以选择专利法进行保护，完全取决于当事人的自由意志选择。著作权法的立法目的是有利于作品的创作和传播，而专利法立法目的则是为了鼓励发明创造，促进科学技术进步和创新。在侵权诉讼方面，侵犯著作权和侵犯外观设计专利权在举证责任的内容、赔偿依据等方面都存在差异，权利人选择有利于自己的方式进行维权，合乎情理。以侵犯外观设计专利权纠纷为例，外观设计专利权人在决定是否需要针对他人未经其许可而实施其专利的行为提出侵权指控时，常常要衡量诉讼所能获得的利益与诉讼成本之间的关系。当他人实施其专利的行为规模很小时，专利权人一般会认为不值得提起诉讼，①进而可以选择著作权诉讼，这是意思自治原则在权利竞合上的实际应用。然而，权利人的意思自治也不是毫无边界，在一个诉讼中，权利人只能主张著作权或者外观设计专利权中的一种，权利人不能同时主张两种权利，二种权利主张是非此即彼的关系。权利人在诉讼中已经明确主张一种权利时，如果换一种权利主张，相当于变更诉讼请求，是否同意变更应由法院裁定。如果法院同意变更诉讼请求的，应当重新给对方当事人举证期限。毕竟，著作权侵权和外观设计侵权的举证内容有很大不同，这也合情合理。当然，如果权利人主张著作权而败诉的，他仍然可以选择主张外观设计专利权，从而启动一个新的诉讼。

（二）权利冲突：著作权与外观设计专利权归不同人的保护策略

1. 优先保护在先权利

保护在先权利原则是指任何一项知识产权的合法取得，必须以不侵害他人合法的在先权利为前提，否则该项知识产权将被认定无效。这项原则以权利产生的时间为判断标准，具有较好的操作性。在保护力度上，有的国家采取绝对保护原则，即无论在任何条件下在先权都予以保护。有的国家采取相对保护在先权的原则，即只有在先权已经受到实质侵害条件下才予以保护，并有保护期限的限制。《专利法》明确规定授予专利权的外观设计，应当同申请日以前在国内外出版物上公开发表过或者国内公开使用

① 尹新天：《专利权的保护（第二版）》，知识产权出版社2005年版，第127页。

过的外观设计不相同和不相近似，并不得与他人在先取得的合法权利相冲突。对行为人恶意而产生的后权利，该“在先权利”可限制或撤销与之冲突的在后产生的权利。在著作权和外观设计专利权归不同人所有的情况下，权利产生的先后无外乎以下几种：一是最常见的情况，著作权在先，外观设计专利权在后。著作权人创作了实用艺术作品后，外观设计专利申请人以实用艺术作品为基础申请外观设计专利，被授予外观设计专利权的情形。如果外观设计的全部或主要部分是著作权的内容，那么在后申请的外观设计专利就涉嫌侵犯了著作权人的著作权。由于著作权保护范围相对较窄，著作权人不能排除他人独立创作出相同作品。因此在诉讼中，著作权人要证明外观设计权利人接触过或可能接触过原告作品，如果被告没有可能接触到原告作品，则不能认定被告行为构成著作权侵权行为。法院裁判后，著作权人可以向专利复审委员会提出外观设计专利的无效申请。第二种情形是外观设计专利权在先，著作权在后。这一种情形只是理论上的著作权与外观设计专利权的冲突，实践中并不存在。权利人如果以实用艺术作品为基础取得了外观设计专利权，那么外观设计专利权人必然取得了以该外观设计为内容的著作权，毕竟申请外观设计的要求要比享有著作权的要求要高。如果在后的另一著作权人创作的作品中和在先外观设计相同，在先外观设计权人完全可以以其著作权来主张后行为人侵权。这其实是著作权之间的冲突，不是和外观设计专利权的冲突。优先保护在先权利是解决权利冲突时最基本的原则，符合公平理念。

2. 权利冲突中的利益衡平

保护在先权利是解决权利冲突时的首要原则，利益衡平原则同样在解决权利冲突时有不可替代的作用。正如梁治平教授所言，公平理念，正是人类最朴素的情感，也是一切立法、司法的重要依据。[①] 利益衡平要求在保护在先权利的同时，也要兼顾另一方权利人的利益，尽量在权利保护上做到双方利益均衡。在外观设计只有少部分是著作权的内容的情况下，也就是说外观设计申请人申请的外观设计只选取了实用艺术作品中一部分内容。除掉和著作权内容相同的部分以后，外观设计整体上不受大的影响。此时，是不是必然导致在后的外观设计专利权无效？笔者认为，应从利益衡平的立场出发，赋予在后行为人外观设计专利权。只是，要对外观设计进行修改，对外观设计中侵犯著作权的内容进行删除，需要专利复审委员

① 梁治平：《法辨：中国法的过去、现在与未来》，中国政法大学出版社 2002 年版，第 136 页。

会的重新确权授权。这也是和《专利法》的宗旨一致的。《专利法》第三十八条规定，发明专利申请经申请人陈述人陈述意见或者进行修改后，国务院专利行政部门仍然认为不符合本法规定的，应当予以驳回。《专利法》赋予了发明专利人在授权之前的修改权，由此也可以推定，著作权人发现外观设计权利人在权利被授予后有涉嫌侵犯著作权时，如果外观设计专利权人经过去除侵权部分后使授权的外观设计专利整体上不受影响，则外观设计专利权人只需修改即可，仍应维持其外观设计专利权的效力，这是利益衡平原则的具体运用。

3. 裁判中的公共利益考量

在著作权与外观设计专利权相冲突的情况下，如果确定在后的外观设计侵犯了在先著作权，法院在裁判时应当考虑何种因素？通常来说，外观设计专利权侵犯了著作权的，停止侵权是法院裁判中必须适用的民事责任方式。但由于对外观设计专利权的应用往往是工业上的应用，通常属于批量生产。一旦停止侵权会给外观设计专利使用人造成重大损失。著作权的使用方式和外观设计专利的使用方式有较大不同，所以即使外观设计专利侵犯了著作权，对著作权人造成了损害尤其是财产损害通常较小。著作权法的制度设计一方面赋予作者对其创作作品享有专有权，另一方面从社会公众角度对权利作出限制和例外的规定。[①] 在具体的案件中，作为被告的外观设计专利权人往往会提出“公共利益”抗辩。由于我国未对“公共利益”作出明确定义，导致实践中对何为公共利益分歧很大。诚如梁慧星教授所言，权利之行使，必有一定界限，超过正当之界限而行使权利，即构成权利滥用。[②] 因此，一方面出现了著作权人肆意挥动“侵权”的大棒来追求自己的最大化的利益，[③] 另一方又出现了公共利益泛化和滥用的现象。具体来说，所谓公共利益的泛化和滥用是指个人、社会组织、国家机构等主体为了谋取私利人为地扩大公共利益的范围。尽管对私利的追求是公共利益抗辩滥用和泛化的根本原因，但理论界和实务界在公共利益内涵界定上的抽象、宏观、含糊也是重要原因。[④] 总之，权利滥用以及公共利益抗辩滥用都是损害他人利益的行为，都不应该受到肯定。笔者认为不宜对“公共利益”作扩大解释，外观设计专利权人为了自己利益而批量生产的

---

① 张玉敏、张今、张平：《知识产权法》，中国人民大学出版社2009年版，第146页。

② 梁慧星：《民法总论（第三版）》，法律出版社2007年版，第265页。

③ 王先林等著：《知识产权滥用及其法律规制》，中国法制出版社2008年版，第293页。

④ 黄文艺、范振国：《公共利益内涵的法哲学界定》，载《南京社会科学》2010年第9期。

行为无论如何也算不上公共利益。但是，鉴于前文分析的外观设计专利和著作权使用方式和使用目的都存在不同，法院裁判时可以多做调解工作，可以在现有法律框架内探索类似于著作权强制许可的制度，最大限度的维护双方的利益。毕竟，以强制许可为例，它限制了著作权人的许可权，但却维持了权利人的获酬权。① 可以探索外观设计专利权给著作权人一定数额的转让费，著作权人转让其著作权于外观设计专利权人使用的解决方式，以实现双方利益的最大化。

① 吴汉东：《著作权合理使用制度研究》，中国政法大学出版社2005年版，第158页。

新类型疑难案例选评

余某诉钟某及其父母人身损害赔偿纠纷案[①]

特约撰稿人　金　牛*

[案情]

2005年6月22日上午6时许，被告钟某在骑自行车上学途中，与正往北岸桥美市场买饼时的原告余某发生碰撞，导致余某右足受伤，余某即被送到双水镇中心卫生院门诊治疗，经诊断为右踝部外伤，右小腿软组织挫伤。余某当日所需医疗费、检查费等费用，钟某之父已支付。此后，余某继续在该医院门诊治疗数次，至2005年7月11日余某治疗痊愈，共花去门诊医疗费458.40元。因余某和钟某及其父母对赔偿问题未能协商解决，余某便提起诉讼。

[裁判]

一审法院经审理认为：被告钟某骑车不慎将原告余某撞伤，应对原告余某的人身损害承担赔偿责任。被告钟某未满18周岁，属限制民事行为能力人，其所产生的民事责任由其监护人即父母承担。原告余某请求赔偿医疗费的据实部分，予以支持；余某请求赔偿营养费、余某之子的误工费、代状工作费，无证据证实，不予支持。依照《中华人民共和国民法通则》

① 【裁判文书连接】一审：广东省江门市新会区人民法院（2005）新法民初字第1447号；二审：广东省江门市中级人民法院（2006）江中法民一终字第46号。

* 作者单位：广东省高级人民法院。

第十二条、第一百一十九条、第一百三十三条、第一百三十四条第一款第七项之规定，判决如下：一、钟某及其父母于本判决生效后10日内赔偿余某医疗费458.40元。二、驳回余某的其他诉讼请求。

一审宣判后，余某不服，提出上诉。

二审法院经审理认为：侵害公民身体造成伤害的，赔偿义务人应当予以赔偿相关损失。钟某骑车不慎撞伤余某，应对余某的人身损害承担民事赔偿责任。钟某为限制民事行为能力人，其父母是其法定监护人，根据《中华人民共和国民法通则》第一百三十三条第一款“无民事行为能力人、限制民事行为能力人造成他人损害的，由监护人承担民事责任。监护人尽了监护责任的，可以适当减轻他的民事责任”的规定，其父母应当承担民事责任。依照《中华人民共和国民事诉讼法》第一百五十三条第一款第一项的规定，判决驳回上诉，维持原判。

[评析]

监护人侵权责任的认定

一、监护的定义和性质

我国法上的监护，系采广义概念，是指依照法律规定对未成年人和精神病人的人身权益和财产权益进行监督、管理和保护的法律制度。依监护对象范围之广狭，可将监护分为两类：广义的监护，其对象为一切包括未成年人和成年人在内的行为能力欠缺人；狭义的监护，其对象为不在亲权保护下的未成年人和行为能力欠缺的成年人；两者之差别在于是否将亲权制度纳入到监护的体系中来。依监护行为之久暂或者视乎特殊需要，广义的监护还包括保佐制度，后者一般是指对禁治产人或需要特殊保护的成年自然人的人身和财产权益的监督，或者是指对亲权人一方或双方不能实施亲权的未成年人的监护。

在传统民法上，一般系采狭义的监护，对亲权和监护予以明确区分，把监护视作亲权的补充延长，分别设为亲属编中的前后两章。亲权和监护的区别主要在于：在亲权，其取得是父母基于其与未成年子女为维持家庭生活中的亲子关系而自然取得，包含着一系列父母对子女人身上和财产上的保护、管理和教育的权利和义务，并不受任何机关的监督或者制约。在人身亲权方面，父母对子女享有命名权、居、住所指定权、教育管理权、身份性同意权和子女人身受侵害时的排除请求权；在财产亲权方面，父母对子女享有财产性代理权、子女财产管理权和子女财产使用权。在监护，其取得则须经过严格的法定程序，监护人往往不是受监护人的父母，与受监护人之间亦一般不存在亲子关系。

关于监护的性质，主要有五种观点：一为权利说，认为监护是法律赋予监护人的身份权。二为义务说，认为监护人并未因接受监护而享有任何利益，相反却是沉重的负担，因此就事实而言，监护是法律课加监护人的片面义务。① 三为职责说，认为监护既有权利又有义务，但其本质属性是一种职责，因为监护人不得借监护谋取私利；此为通说。② 四为资格说，认为监护是监护人对受监护人的合法利益实施管理和保护的法律资格。③ 五为权力说，认为监护既系为他人提供服务，而非为自己谋取私利，这与权力的本质是相通的。④ 笔者采取资格说。盖因现代监护制度之机能，已经从原来的家族财产管理转变为一种具有公共性质的职责，因而主要是义务性的，监护人于此不存在任何个人利益，其行为还须受到有关机关的监督。

二、监护的主体和职责

关于监护的主体，主要包括受监护人和监护人。受监护人，是指接受监护人监督、管理和保护的人。在我国法上，受监护人包括不满18周岁的自然人（不管其是否有精神病）⑤ 和成年精神病人。此处之成年精神病人，是指因精神病而被依照法定程序认定为无行为能力或无限制行为能力的成年人。监护人，是指依照法律规定负责执行监护事务的人。监护人能否胜任监护事务，对于受监护人利益之保护影响至巨，至少须具备两项要件：一为能力要件，即须具有相当的处事能力，足以履行监护职责，故须以具有完全行为能力为基础；二为品质要件，即须具有与受监护人的良好关系，和令人信任地服务于受监护人的良好品质。具备此两项要件者，即为监护适格；《民法通则》将此表述为“有监护能力”（第十六条第二款），《最高人民法院关于贯彻执行〈民法通则〉若干问题的意见（试行）》第11条并作正面的一般规定：“认定监护人的监护能

---

① 江平主编：《民法学》，中国政法大学出版社2000年版，第111页。

② 顾昂然等著：《中华人民共和国民法通则讲座》，中国法制出版社2000年版，第92页；梁慧星：《民法总论（第3版）》，法律出版社2007年版，第106页。

③ 张俊浩主编：《民法学原理（修订版）》，中国政法大学出版社1997年版，第115页。

④ 王利明主编：《民法（第5版）》，中国人民大学出版社2010年版，第52页。

⑤《最高人民法院关于贯彻执行〈民法通则〉若干问题的意见（试行）》第13条规定：“为患有精神病的未成年人设定监护人，适用民法通则第十六条的规定。”此实为关于未成年人父母亲权之规定，可对照之。

力，应当根据监护人的身体健康状况、经济条件，以及与被监护人在生活上的联系状况等因素确定。”

《民法通则》第十八条第一、二款规定：“监护人应当履行监护职责，保护被监护人的人身、财产及其他合法权益，除为被监护人的利益外，不得处理被监护人的财产。”“监护人依法履行监护的权利，受法律保护。”《最高人民法院关于贯彻执行〈民法通则〉若干问题的意见（试行）》第10条规定：“监护人的监护职责包括：保护被监护人的身体健康，照顾被监护人的生活，管理和保护被监护人的财产，代理被监护人进行民事活动，对被监护人进行管理和教育，在被监护人合法权益受到侵害或者与人发生争议时，代理其进行诉讼。”其中之“监护职责”，均系指监护人对监护事务的执行。具体认来，在人身方面，主要包括教育管理权、受监护人人身受侵害时的排除请求权和一定范围内的身份性同意权；在财产方面，虽然享有财产性代理权和管理权，但不享有财产使用权。监护人不履行监护职责或者侵害被监护人的合法权益的，应承担侵权责任。《民法通则》第十八条第三款前段规定：“监护人不履行监护职责或者侵害被监护人的合法权益的，应当承担责任；给被监护人造成财产损失的，应当赔偿损失。”

三、监护人责任的性质为监护人之自己责任

基于监护人对被监护人的监护职责，以及使受害人免于因被监护人无法实际承担自己责任而无法获得救济的考虑，法律上设立监护人责任，径使其为被监护人实施之加害行为而负侵权责任，此为监护人为被监护人之侵权责任。《民法通则》第一百三十三条规定：“无民事行为能力人、限制民事行为能力人造成他人损害的，由监护人承担民事责任。监护人尽了监护责任的，可以适当减轻他的民事责任。”“有财产的无民事行为能力人、限制民事行为能力人造成他人损害的，从本人财产中支付赔偿费用。不足部分，由监护人适当赔偿，但单位担任监护人的除外。”《侵权责任法》第三十二条规定：“无民事行为能力人、限制民事行为能力人造成他人损害的，由监护人承担侵权责任。监护人尽到监护责任的，可以减轻其侵权责任。”“有财产的无民事行为能力人、限制民事行为能力人造成他人损害的，从本人财产中支付赔偿费用。不足部分，由监护人赔偿。”后一规定是对前一规定的直接承继，修改主要表现在删除原来第一、二款中各一处的“适当”措辞，并在第二款中删除旧法第二款中“单位担任监护人的除外”的但书，即对监护人的身份不作区别，统一为被监护人承担监

护人责任。

首先，对于本项责任中对监护人来说，是自己责任还是为他人之代负责任，学说上长期存在争议。有学者认为，本项责任之实质为公平责任，这从《民法通则》第一百三十三条第一、二款中各一处的“适当”措辞可以看出，法律不允许监护人因对被监护人实施加害行为之无过错而完全免责，而仅允许法院基于公平的考虑，适当减轻其依过错原则应负的责任。① 笔者认为，监护人责任之本质应为监护人之自己责任，因而其责任性质就不会是公平责任。法律上使监护人为被监护人实施之加害行为承担侵权责任，其基础主要在于确保对受害人之全面救济。根据上述规定，既不论作为加害人的被监护人是否具有责任能力（在条文中表述为行为能力）、有无财产，也不论监护人有无过错，监护人均须对被监护人之加害行为负本项责任；在被监护人具有责任能力或者有财产时，监护人与被监护人承担连带责任，唯此间监护人所承担之连带责任为补充的连带责任；监护人有数人时，应负连带责任。② 于此首须明确的是，本项责任中认有责任能力之存在，只是将其与行为能力相联系，即以行为能力之有无和程度判断，来代替责任能力之有无和程度判断。这是一种便利的模式，并非从侵权行为之构成上进行考察。

其次，关于本项责任之归责原则，学说上主要有如下三种观点：一是结果责任说，又称他人行为说，认为监护人不是就自己的侵权行为负责，而是对他人（即被监护人）之加害行为代负其责。二是过错责任说，又称本人行为说，认为被监护人违法加害于他人，即可推定其监护人有过错，监护人可以通过证明其已尽到监护职责或者受害人所遭受的损害与其监督并无因果关系而免责；而受害人只须证明监护人之身份，即可对其进行追责。三是中间责任说，认为监护人可以通过证明其已尽到监护职责或者受害人所遭受的损害与其监督并无因果关系而免责，则非绝对之无过失责任，然未尽到监护职责，未必对于被监护人之加害行为常有故意或过失，而监督职责之违反，亦未必与该加害行为常有相当因果关系，

① 王利明：《侵权行为法归责原则研究》，中国政法大学出版社 1992 年版，第 123 页。

② 《德国民法典》第 1664 条第 2 款规定：“父母双方对损害负责的，作为连带债务负责任。”在我国法上，即使父母已经离婚，但仍然是未成年人的监护人，但在监护人责任的问题上，与未成年人共同生活的一方优先于另一方承担责任。《最高人民法院关于贯彻执行〈民法通则〉若干问题的意见（试行）》第 158 条规定：“夫妻离婚后，未成年子女侵害他人权益的，同该子女共同生活的一方应当承担民事责任；如果独立承担民事责任确有困难的，可以责令未与该子女共同生活的一方共同承担民事责任。”

然法律不待受害人之证明此两点，径使监护人负其责任，较之一般侵权行为，其要件不无轻减之感受，故该项责任可谓介于过错责任与无过错责任之间之一种中间责任。[①]

笔者认为，从《民法通则》第一百三十三条和《侵权责任法》第三十二条规定的措辞来看，可以将本项责任之归责原则径行确定为无过错责任原则。[②] 据此，监护人即使无过错，仍应对被监护人实施之加害行为承担责任，受害人无须对监护人之有无过错进行举证，而即可对其进行追责；监护人虽然可以通过证明其已尽到监护职责而主张减责（抗辩事由），但仍不能免责。有学者称此为“存在减责的抗辩事由的严格责任”。[③] 在立法例上，《法国民法典》第1384条第4、7款规定：“父与母，只有其行使对子女的监护权，即应对与其一起居住的未成年子女造成的损害，连带承担责任。”“作为监护人的父或母在证明其不能阻止引起责任的行为则可免责。”该国最高法院第二民事庭1997年2月19日的判决认为，只有不可抗力以及受害人过错时才能免除父母对与其一起居住的未成年子女所实施的造成损害的行为应负的当然责任。[④] 我国台湾地区“民法”第187条虽然对监护人责任明为采取中间责任说，其第2项对监护人之免责事由作有具体规定，但在实务上却几无获得法院适用的案例。例如，监护人不得以下列事由主张举证免责：未和限制行为能力人同居一处、限制行为人能力人是于学校或放学途中侵害他人、限制行为能力人在校操行成绩优良、驾车肇事之限制行为能力人为有合法驾驶执照之人等。[⑤] 因此，有学者径称所谓中间责任说为实质无过失责任或披着过失外套之无过失责任。[⑥] 可供参照。

再次，对于《侵权责任法》第三十二条第二款之规定，其立法宗旨系为确保受害人之利益而设。唯该规定在文义上似以被监护人之有无财产来确定其是否能够承担责任，以及监护人之责任地位，如此解释似有未当。从文义来看，该款前段规定中对有财产的被监护人“从本人财产中支付赔偿费用”，须

① 参见史尚宽：《债法总论》，中国政法大学出版社2000年版，第182～183页。

② 梁慧星：《中国侵权责任法解说》，载《北方法学》2011年第1期；张新宝：《中国侵权行为法（第2版）》，中国社会科学出版社1998年版，第158页。

③ 薛军：《走出监护人‘补充责任’的误区——论《侵权责任法》第三十二 条第二款的理解与适用》，载《华东政法大学党报》2010年第3期。

④ 参见罗结珍译：《法国民法典（下册）》，法律出版社2005年版，第1108页。

⑤ 参见詹森林：《民事法理与判决研究》第5册，台湾地区元照出版公司2007年版，第353～354页。

⑥ 邱聪智：《新订民法债编通则（新订1版）》上册，中国人民大学出版社2003年版，第130页。

以其具有责任能力为前提，如被监护人无责任能力的，则无本款规定适用之余地。至于该款后段规定的“不足部分，由监护人赔偿”，应解释为监护人在与具有责任能力的被监护人承担连带责任时，其责任地位系补充的地位，以此来确保受害人之利益。[①] 同时，本款规定在性质上是一种授权法官根据案件具体情况进行裁量的规范，而非一种强制性的规范。也就是说，它授权法官“可以”判决从被监护人的财产中支付，但并非“必须”从被监护人的财产中支付。[②] 此外，同法第九条第二款“该无民事行为能力人、限制民事行为能力人的监护人未尽到监护责任的，应当承担相应的责任”的规定，是一项特殊的监护人责任，其归责原则为过错责任原则，与同法第三十二条第二款规定的一般的监护人责任系采取无过错责任原则并不相同。

在本案中，被告钟某作为限制民事行为能力人，骑车不慎撞伤原告余某，客观上应认其具有对骑车致人损害具有识别能力，其行为应可直接构成侵权行为。同时，对于作为被告钟某的监护人的其父母，仍应适用无过错责任原则，使他们承担监护人责任。法院判决被告钟某及其父母承担侵权责任，是正确的。由于被告钟某的父母未能证明他们已经尽到监护职责，因而不能主张减责。但是，在法院判决中未能指出钟某之责任与其父母之责任之间的关系为连带责任，留有遗憾。在法律适用方面，一审法院径行适用《民法通则》第一百三十三条，而二审法院则只全文引述同条第一款，其间有无区别，不无疑问。笔者认为，一、二审法院均未就钟某本人之有无财产作出查明或者表述，可见司法实践中对该条规定有不流于表面之解释，同时亦为对其自由裁量权之行使。一审法院径行适用《民法通则》第一百三十三条，而不区分第一款还是第二款，应系采取笔者之前述观点，对该条系采取第1款为监护人责任之规定，第二款为被监护人承担自己责任之规定的解释，两款规定系作为不同的请求权基础。本案中法院对《民法通则》第一百三十三条的这一正确理解，应当延续至对《侵权责任法》第三十二条的解释之中。

四、受监护人受教唆、帮助而实施侵权的监护人责任

对于被监护人受教唆、帮助而实施侵权行为中监护人应如何承担

---

① 参见王利明：《侵权行为法归责原则研究》，中国政法大学出版社 1992 年版，第 124 页。但是，王教授所论述的监护人责任是以不承认责任能力要件为前提的。

② 参见薛军：《走出监护人“补充责任”的误区——论《侵权责任法》第 32 条第 2 款的理解与适用》，载《华东政法大学党报》2010 年第 3 期。

监护人责任的问题。《侵权责任法》第九条第二款规定："教唆、帮助无民事行为能力人、限制民事行为能力人实施侵权行为的，应当承担侵权责任；该无民事行为能力人、限制民事行为能力人的监护人未尽到监护责任的，应当承担相应的责任。"首先，依同条第一款"教唆、帮助他人实施侵权行为的，应当与行为人承担连带责任"的规定，系将教唆、帮助侵权与本人实施之侵权行为合共认定，系共同加害行为之特殊形态。对于教唆人和帮助人，虽然其并未直接实施侵权行为，但由于其对该侵权行为具有过错，与本人之过错有客观融合，他们融合后的过错指向一个整体的加害行为，与合一损害之间形成"一一对应"的关系，因而在性质上为共同加害行为，法律规定教唆人、帮助人与行为人承担连带责任。可见，在规范关系上，《侵权责任法》第九条第一款系同法第八条关于共同加害行为规定的特别法。

其次，如果实施侵权行为的被教唆人、被帮助人为无民事行为能力人、限制民事行为能力人的，与教唆人和帮助人之间是否构成共同加害行为，则应结合其责任能力之有无来作认定。考虑到我国法上系采取以行为能力之程度为标准来认定责任能力之有无，司法解释上区分被教唆人、被帮助人是无民事行为能力人还是限制民事行为能力人来作认定。《最高人民法院关于贯彻执行〈民法通则〉若干问题的意见（试行）》第148条第2、3款规定："教唆、帮助无民事行为能力人实施侵权行为的人，为侵权人，应当承担民事责任。""教唆、帮助限制民事行为能力人实施侵权行为的人，为共同侵权人，应当承担主要民事责任。"实务上对于如何适用《侵权责任法》第九条第二款以及上述司法解释之规定，不无困扰。学者指出，第九条第二款前段中未采第二次审议稿的办法，明确区别规定为承担"全部责任"、"主要责任"或"相应的责任"，而是笼统规定为教唆人、帮助人应当"承担侵权责任"，目的是要授予法院以自由裁量权，于裁判教唆、帮助无民事行为能力人、限制民事行为能力人实施侵权行为之个案时，如教唆人、帮助人有赔偿资力，当然可以判决其承担"全部责任"、"主要责任"或者"相应的责任"；如教唆人、帮助人不具有赔偿资力，则可判决教唆人、帮助人与行为人承担连带责任，以保障受害人能够获得完全的赔偿。①

笔者认为，对于《侵权责任法》第九条第二款之适用，不仅应考虑到与上述司法解释的衔接，还应考虑到与同法第三十二条规定之

① 梁慧星：《中国侵权责任法解说》，载《北方法学》2011年第1期。

监护人责任之衔接。上述学者之观点，系延续了我国法上对无民事行为能力人、限制民事行为能力人能否承担侵权责任之判断系采取视其有无财产的标准（如见于同法第三十二条第二款），但这种解释可以说是流于表面的，它并未严格遵循侵权行为构成上之责任能力要件。对于无民事行为能力人、限制民事行为能力人在被教唆、被帮助实施侵权行为时应否承担责任之判断，不应以其有无财产为标准，而应以其有无责任能力为标准。本法第九条第二款的规范意旨，是在被教唆人、被帮助人无责任能力的情形下，教唆人、帮助人和监护人应当如何承担责任的规定。这是因为，如果被教唆人、被帮助人有责任能力的，其自己应依同条第一款之规定，与教唆人、帮助人承担连带责任，对其监护人也不能适用同条第二款规定的特殊的监护人责任，而应适用同法第三十二条第二款规定的一般的监护人责任。在此情形下，监护人、被监护人与教唆人、帮助人系承担连带责任。

《侵权责任法》第九条第二款前段是在被教唆人、被帮助人无责任能力的情形下，教唆人、帮助人直接承担其侵权责任的规定。于此，被教唆人、被帮助人被认为系教唆人、帮助人实施侵权行为的“工具”，因而后者无须承担任何责任。同款后段是在此情形下被教唆人、被帮助人的监护人以“未尽到监护职责”为条件，承担依过错的补充责任。该项监护人之责任，是特殊的监护人责任，其归责原则为过错责任原则，与同法第三十二条第二款规定的一般的监护人责任系采取无过错责任原则并不相同。参照前引《最高人民法院关于贯彻执行〈民法通则〉若干问题的意见（试行）》第148条第3款后段的教唆人、帮助人“承担主要民事责任”的措辞，《侵权责任法》第九条第二款前段的教唆人、帮助人责任与同款后段的特殊的监护人责任之间的关系应为按份责任，同时，前者所应承担的责任份额不宜小于后者。于此，两个侵权行为之间构成部分的竞合侵权，其上位规定为同法第十二条，该条规定：“二人以上分别实施侵权行为造成同一损害，能够确定责任大小的，各自承担相应的责任；难以确定责任大小的，平均承担赔偿责任。”至于教唆人、帮助人依本款规定所应承担之责任，与其是否知道被教唆人、被帮助人之无责任能力，并无关联。

浙江大学诉浙江大学科慧软件有限公司侵犯名称权纠纷案①

何亦波　王呈虹*

[案情]

原告（被上诉人）：浙江大学

被告（上诉人）：浙江大学科慧软件有限公司

杭州市西湖区人民法院经审理查明：

1994年2月24日，原告浙江大学向杭州市工商行政管理局请示要求成立浙江大学快威电子系统有限责任公司。1994年3月26日，浙江省经济体制改革委员会批复原告浙江大学，同意其组建浙江大学快威电子系统有限责任公司，公司由浙江大学快威电脑工程公司（1995年2月该公司更名为浙江大学快威科技产业总公司）、浙江印刷发行学校和轻印刷职工朱云平等13名自然人共同出资组建。1994年4月20日，浙江大学快威电子系统有限责任公司核准成立。1999年5月13日，浙江大学快威电子系统有限责任公司更名为“浙江大学科慧软件有限公司”。1999年5月20日，浙江大学快威科技产业总公司与叶向丹签订《出资转让协议书》，浙江大学快威科技产业总公司明确将其实际认缴的被告投资额29.5万元按29.5万元价格转让给叶向丹，叶向丹愿意受让；浙江大学快威科技产业总公司转让出资后，将不再享有公司股东权利，也不再对公司承担任何法律责任。2000年4月12日，被告召开第一届第三次股东会，经全体股东一致通过，同意浙江大学快威科技产业总公司将拥有的29.5万股股本转让给叶

---

①［裁判文书连接］：一审：杭州市西湖区人民法院（2010）杭西知初字第174号；二审：杭州市中级人民法院（2010）浙杭知终字第111号。

* 作者单位：浙江省杭州市西湖区人民法院。

向丹，转让价格为1：1，转让总价款为29.5万元。同日，被告召开第四届第一次股东会，全体股东一致通过浙江大学科慧软件有限公司章程修正案。

2009年7月13日，浙江大学经营性资产管理委员会办公室向杭州市工商行政管理局发函，要求其对被告的年检问题酌情处理；2009年11月16日，浙江大学圆正控股集团有限公司向杭州市工商管理局发函，要求该局勒令被告在企业名称中停止使用“浙江大学”或“浙大”字样；均无果。

2010年5月5日，原告起诉要求被告在其企业名称中停止使用“浙江大学”名称并立即办理工商变更登记手续。

被告浙江大学科慧软件有限公司辩称：浙江大学科慧软件有限公司的企业名称是经原告同意，并报杭州市工商行政管理局核准登记注册。浙江大学科慧软件有限公司依法享有企业名称的专业权，独立于原告校名而存在。浙江大学科慧软件有限公司的名称一经核准登记，原告同意注册被告的名称的民事法律关系即告成立，原告即部分让渡了校名的专用权，不再对校名享有绝对的排他权与独占权。原告撤资后不再具备被告的股东身份，不具有主张被告变更企业名称权的权利。原告的诉讼请求无事实和法律依据，要求予以驳回。

［审判］

杭州市西湖区人民法院经审理认为：本案原告浙江大学是经国家事业单位登记管理局依法核准登记的事业单位法人。浙江大学名称是原告区分与其他事业单位的主要标志之一，具有较高价值的无形资产。浙江大学名称是浙江大学依法享有的决定、使用、改变自己的名称，依照法律规定转让其名称，并排除他人非法干涉、盗用或冒用的人格权。未经许可而使用者，即为侵犯名称权。本案对被告是否侵犯原告的名称权，要区分两个阶段。首先，在1999年5月20日之前，原告采取的是一种默认的态度，被告使用“浙江大学”名称，并不存在擅自或恶意。其次，在1999年5月20日之后，在原告的下属企业从被告公司完全撤资后，被告的企业名称中仍包含“浙江大学”。此时，原告和被告之间已不存在任何的投资关系，原告作为“浙江大学”的名称权人，有权向被告提出停止使用“浙江大学”名称的要求，这种要求的提出可以在任何时候，且是无条件的。被告的行为客观上给原告的名称权造成了侵害，主观上存在过错，应依法承担相应的侵权责任。还有，至于被告提出的其企业名称权系经依法核准登记注册，应受法律保护的意见。被告的企业名称并非工商部门授予，工商行政登记本身并不赋予相对人权利或资格。综上，法院判决如下：浙江大学科慧软件有限公司在其企业名称中立即停止使用“浙江大学”名称，并于判决生效之日起30日内予以办理企业名称变更登记。案件受理费900元，由浙江大学科慧软件有限公司负担，于本判决生效之日起10日内支付给法院。

上诉人浙江大学科慧软件有限公司诉称：一、一审判决的主要理由是浙江大学科慧公司和浙江大学之间不存在投资关系，浙江大学有权在任何时候且无条件要求上诉人进行更名，上述理由缺乏法律依据，甚至错误理解立法精神。1. 法人名称权具有显然的人格权性质。2. 投资关系是企业法人内部的资产纽带关系，是一种财产权益，而法人的名称权，属于姓名权、人格权，两种法律关系不能混同。3. 浙江大学应该自行承担相应的后果。二、浙江大学科慧软件有限公司经过多年诚信经营，不仅没有扰乱正常的竞争秩序，也没有给浙江大学的信誉造成损害，反而给“浙江大学”这四个字提升了新的价值。三、本案属于普通的民事纠纷，应该适用一般诉讼时效2年的规定，本案已经超过诉讼时效。

杭州市中级人民法院认为：“浙江大学科慧”的字号中包含“浙江大学”的名称字样，会造成对相关公众对市场主体及其商品或者服务的来源产生混淆。浙江大学在设立上远远早于浙江大学科慧公司，其享有的名称构成在先权利。同时，浙江大学在国内具有相当高的知名度，当法人名称权发生冲突时，法律也会保护知名度更高的法人名称。因此，浙江大学的法人名称权应受到保护。浙江大学科慧公司在合理期限内未停止使用的行为在主观上存在攀附浙江大学声誉，搭他人便车的过错，在客观上会造成市场混淆，损害浙江大学的合法权益，构成不正当竞争的行为。股权转让并不会导致企业名称的转让。对于诉讼时效，由于浙江大学科慧公司的侵权行为具有持续性，故本案中浙江大学的起诉并没有超过诉讼时效。综上，判决如下：驳回上诉，维持原判。

［评析］

未经许可使用其他法人名称构成侵权

法人名称权具有人格权与财产权双重属性。法人对于自己的名称依法享有决定、使用、改变的权利，依照法律规定转让其名称，并排除他人非法干涉、盗用或冒用。《民法通则》第九十九条规定："公民享有姓名权，有权决定、使用和依照规定改变自己的姓名，禁止他人干涉、盗用、假冒。法人、个体工商户、个人合伙享有名称权。企业法人、个体工商户、个人合伙有权使用、依法转让自己的名称。"《民法通则》第一百二十条规定："公民的姓名权、肖像权、名誉权、荣誉权受到侵害的，有权要求停止侵害，恢复名誉，消除影响，赔礼道歉，并可以要求赔偿损失。法人的名称权、名誉权、荣誉权受到侵害的，适用前款规定。"从上述规定可以获知，法人名称权依法受保护，并有权禁止他人干涉、盗用、假冒。对法人名称权的侵犯更会导致不正当竞争行为，破坏市场经济的正常秩序。

一、法人名称权的性质的判定

法人名称包括企业名称、依法具有从事经营活动资格的事业单位法人名称，从事营利性活动的社会团体法人名称和不具备法人资格、从事营利性活动的社会组织名称等。法人对于自己的名称依法享有决定、使用、改变的权利，依照法律规定转让其名称，并排除他人非法干涉、盗用或冒用。

法人名称权是一种混合权利，同时具有人格权与财产权双重属性。法人名称权缘于自然人的姓名权，因而具有人格权的属性。同时法人名称权代表着巨大的经济价值和社会价值，是一种较高价值的无形资产，并可以继承与出让，所以具有财产权的性质。通过对名称权的有偿转让，使企业法人的人格的商业价值得到发挥，这种现象被称为"人格商品化"，而这种被商品化了的人格权用我国著名法学家江平先生的话来说就是"商事人格权"。

本案中，浙江大学是经国家事业单位登记管理局依法核准登记的事业单位法人。因此浙江大学的法人名称权应依法受到保护，其享有独占使用的权利，未经许可而使用者其名称者，即为侵犯其名称权。而浙江大学科慧软件有限公司是依法成立的企业法人，也对自己的名称依法享有名称权。故本案的争议点在于，两者的名称权是否发生冲突。

二、如何解决法人名称权冲突

《保护工业产权巴黎公约》第1条规定："工业产权的保护对象有专利、实用新型、外观设计、商标、服务标记、厂商名称、货源标记或原产地名称和制止不正当竞争。"据此，法人名称权亦可适用工业产权的保护原则。其中的保护在先权利原则和知名度原则可以解决法人名称权的冲突。

首先，在本案中，浙江大学的设立远远早于浙江大学科慧公司，其享有的名称权构成在先权。这种在先权保护名称作为名称权人的无形资产不受侵犯。浙江大学有权使用、改变自己的名称，依照法律规定转让其名称，并排除他人非法干涉、盗用或冒用。

其次，在本案中，原告浙江大学作为全国知名高校，在国内外享有良好的声誉和较高的知名度。一方面，法人名称的知名度越高，相关公众对于近似的法人名称产生混淆、误认的可能性越大；另一方面，法律会保护知名度更高的法人名称，保护更高的社会价值和经济价值。这不仅有利于制止他人攀附或利用其知名度谋求不当的商机和商业利益，而且也可以避免其法人名称的显著性和公众识别度受到淡化；以保护其在消费者心目中独特的商业价值和良好的社会评价。

因此，按照保护在先权利的原则和知名度原则，浙江大学有权决定浙江大学科慧公司能否使用“浙江大学”字样。

三、本案中的股权转让和法人名称权的转让

本案中的特殊性在于，股权转让是否会导致法人名称权的转让。

股权转让，是公司股东依照法定条件和程序，将股权部分或全部移转给其他股东或股东以外投资者的行为。也就是说，公司股东转让出资及基于出资所产生的财产权益，并获得相应的对价。而法人名称权的转让，则是基于法人的意思表示而为，与股东之间并无联系。因此，股权转让并不导致导致法人名称权的转让。

本案的关键点在于，2000年4月12日，被告召开第一届第三次股东会，经全体股东一致通过，同意浙江大学快威科技产业总公司将拥有的29.5万股股本转让给叶向丹，转让价格为1∶1，转让总价款为29.5万元。也就是说，浙江大学完全退出了被告公司，即浙江大学与被告不存在投资关系。此时，浙江大学有权要求被告停止使用“浙江大学”字样。

在这种特殊背景下，浙江大学没有作出明确表示要求浙江大学科慧公司变更企业名称之前，浙江大学科慧公司对包含“浙江大学”字样的企业名称的使用都是善意。但是，当浙江大学通过包括诉讼在内的各种途径，明确要求浙江大学科慧公司在其企业名称中停止使用“浙江大学”字样时，被告就丧失了在其企业名称中继续使用“浙江大学”字样的权利。因为，被告使用“浙江大学”字样既无原告许可授权，又无其他合法依据。若继续使用，易在社会上引起关于原告和被告存在某种隶属关系的联想，会使消费者产生误认，会造成原告无法控制自己这项无形财产并从中受益的损害。

四、侵犯法人名称权会造成不正当竞争

法人名称是区别商品和服务来

源的重要标志。法人名称权体现了法人通过付出努力和资本获得的无形财产。保护法人名称权主要是保护附于法人名称的信誉。未经法人许可而在市场上使用该法人名称，引入误解的，构成不正当竞争行为。尽管《中华人民共和国反不正当竞争法》第五条第三款规定的是“擅自使用他人的企业名称或者姓名，引人误认为是他人的商品”，但是在实践中，对企业名称应做广义的理解，即应对所有的法人名称进行保护，才符合立法目的。因此，侵犯法人名称权的行为违反诚实信用，背离了商业道德的要求，是一种典型的不正当竞争行为。当然，从竞争法的发展历史看，最初之不正当竞争行为及有关不正当竞争的法律规范是针对有形商品市场混淆发展起来的，而在现代竞争法中，对无形资产（如法人名称、商业秘密等）保护的分量日趋加重。

在我国，企业名称是企业依法注册登记，在经营过程中为一定法律行为时的表明企业自身所用名称，由行政区划、字号（或者商号）、行业或者经营特点、组织形式组成。本案中，对于浙江大学科慧软件有限公司而言，“浙江大学科慧”的字号是构成企业名称的核心要素，是区分不同市场主体的主要标识。相关公众在看到“浙江大学科慧”的字号时，会特别注意到“浙江大学”的字样并产生合乎常理的联想，即该公司和浙江大学存在一定的关联关系，从而对市场主体及其商品或服务的来源产生混淆和误认。由此会危害公平竞争的市场秩序，阻碍技术进步和社会生产力的发展，损害法人的正常经营和合法权益，使法人蒙受物质上和精神上的双重损害，还可能损害广大消费者的合法权益。但是由于本案涉及到股权转让和法人名称权转让的问题，故我们应该分两个阶段来看。在1999年5月20日之前，原告采取的是一种默认的态度，被告使用“浙江大学”名称，并不存在擅自或恶意。其次，在1999年5月20日之后，在原告的下属企业从被告公司完全撤资后，被告的企业名称中仍包含“浙江大学”名称。此时，原告和被告之间已不存在任何的投资关系，被告的企业名称中仍包含“浙江大学”即会构成不正当竞争。

综上，浙江大学科慧软件有限公司继续使用“浙江大学”的字样会造成公众混淆，损害浙江大学的在先权利和知名度，会造成浙江大学丧失商业机遇和损害其知名高校的信誉。

五、结语

西方发达国家对于反不正当竞争的构建及发展并不是一蹴而就的，从早期的残酷无序的斗争到现在提倡的公平竞争、共谋发展。可以看出，参与竞争的各个企业，能够遵守法律的界限，市场主体的竞争才会导致社会效益的最大化。竞争并不是意味着敌对，良性的商业竞争是促进社会进步的力量，以努力和实力来超越自我、超越对手的原则来共谋发展。公平、合理、有序的市场竞争环境的建立，有赖于法人自身树立主体意识，有赖于制定更完善的法律规范来保障实施。

最新立法、司法动态

中华人民共和国商标法
（修订草案征求意见稿）

第一章　总　则

第一条　为了加强商标管理，保护商标专用权，促使生产、经营者保证商品和服务质量，维护商标信誉，以保障消费者和生产、经营者的利益，促进社会主义市场经济的发展，特制定本法。

第二条　国务院工商行政管理部门商标局主管全国商标注册和管理的工作。

国务院工商行政管理部门设立商标评审委员会，负责处理商标争议事宜。

第三条　经商标局核准注册的商标为注册商标，包括商品商标、服务商标和集体商标、证明商标；商标注册人享有商标专用权，受法律保护。

本法所称集体商标，是指以团体、协会或者其他组织名义注册，供该组织成员在商事活动中使用，以表明使用者在该组织中的成员资格的标志。

本法所称证明商标，是指由对某种商品或者服务具有监督能力的组织所控制，而由该组织以外的单位或者个人使用于其商品或者服务，用以证明该商品或者服务的原产地、原料、制造方法、质量或者其他特定品质的标志。

集体商标、证明商标注册和管理的特殊事项，由国务院工商行政管理部门规定。

第四条 自然人、法人或者其他组织对其生产、制造、加工、拣选或者经销的商品，需要取得商标专用权的，应当向商标局申请商品商标注册。

自然人、法人或者其他组织对其提供的服务项目，需要取得商标专用权的，应当向商标局申请服务商标注册。

本法有关商品商标的规定，适用于服务商标。

第五条 两个以上的自然人、法人或者其他组织可以共同向商标局申请注册同一商标，共同享有和行使该商标专用权。

第六条 国家规定必须使用注册商标的商品，必须申请商标注册。未经核准注册的，不得在市场销售。

第七条 商标使用人应当对其使用商标的商品质量负责。各级工商行政管理部门应当通过商标管理，制止欺骗消费者的行为。

第八条 任何能够将自然人、法人或者其他组织的商品与他人的商品区别开的标志，包括文字、图形、字母、数字、三维标志、颜色和声音，以及上述要素的组合，均可以作为商标申请注册。

第九条 申请注册的商标，应当有显著特征，便于识别，并不得与他人在先取得的合法权利相冲突。

商标注册人有权标明“注册商标”或者注册标记。

第十条 下列标志不得作为商标使用：

（一）同中华人民共和国的国家名称、国旗、国徽、军旗、军徽、勋章相同或者近似的，以及同中央国家机关的名称、标志及其所在地特定地点的名称或者标志性建筑物的名称、图形相同的；

（二）同外国的国家名称、国旗、国徽、军旗相同或者近似的，但该国政府同意的除外；

（三）同政府间国际组织的名称、旗帜、徽记相同或者近似的，但经该组织同意或者不易误导公众的除外；

（四）与表明实施控制、予以保证的官方标志、检验印记相同或者近似的，但经授权的除外；

（五）同“红十字”、“红新月”的名称、标志相同或者近似的；

（六）带有民族、种族歧视性的；

（七）带有欺骗性，容易使公众对商品的质量或者产地等特点产生误认的；

（八）有害于社会主义道德风尚或者有其他不良影响的。

县级以上行政区划的地名或者公众知晓的外国地名，不得作为商标。但是，地名具有其他含义或者作为集体商标、证明商标组成部分的除外；已经注册的使用地名的商标继续有效。

第十一条 下列标志不得作为商标注册：

（一）仅有本商品的通用名称、图形、型号的；

（二）仅仅直接表示商品的质量、主要原料、功能、用途、重量、数量及其他特点的；

（三）其他缺乏显著特征的。

前款第（二）项、第（三）项所列标志经过使用取得显著特征，并便于识别的，可以作为商标注册。

第十二条 以三维标志申请注册商标的，仅由商品自身的性质产生的形状、为获得技术效果而需有的商品形状或者使商品具有实质性价值的形状，不得注册。

第十三条 就相同或者类似商品申请注册的商标是复制、摹仿或者翻译他人未在中国注册的驰名商标，容易导致混淆的，不予注册并禁止使用。

就不相同或者不相类似商品申请注册的商标是复制、摹仿或者翻译他人已经在中国注册的驰名商标，误导公众，致使该驰名商标注册人的利益可能受到损害的，不予注册并禁止使用。

第十四条 驰名商标应当在商标注册、评审、管理等行政处理程序和商标民事纠纷诉讼程序中，根据案件当事人的请求进行认定。

认定驰名商标应当考虑下列因素：

（一）相关公众对该商标的知晓程度；

（二）该商标使用的持续时间；

（三）该商标的任何宣传工作的持续时间、程度和地理范围；

（四）该商标作为驰名商标受保护的记录；

（五）该商标驰名的其他因素。

著名商标的认定和保护按照地方性法规、地方政府规章办理。

第十五条 未经授权，代理人或者代表人以自己的名义将被代理人或者被代表人的商标进行注册，被代理人或者被代表人提出异议的，不予注册并禁止使用。

第十六条 商标中有商品的地理标志，而该商品并非来源于该标志所标示的地区，误导公众的，不予注册并禁止使用；但是，已经善意取得注册的继续有效。

前款所称地理标志，是指标示某商品来源于某地区，该商品的特定质量、信誉或者其他特征，主要由该地区的自然因素或者人文因素所决定的标志。

地理标志可以作为证明商标或者集体商标申请注册，取得商标专用权。

第十七条 外国人或者外国企业在中国申请商标注册的，应当按其所属国和中华人民共和国签订的协议或者共同参加的国际条约办理，或者按对等原则办理。

第十八条 外国人或者外国企业在中国申请商标注册和办理其他商标事宜的，应当委托国家认可的具有商标代理资格的组织代理。

第十九条 商标国际注册依照中华人民共和国加入的有关国际条约办理。具体申请办法由国务院工商行政管理部门规定。

第二十条 商标代理组织应当遵守法律、行政法规，按照被代理人的委托办理商标注册申请或者其他商标事宜，不得损害被代理人的利益。

工商行政管理部门应当加强对商标代理组织的监督管理。

第二章 商标注册的申请

第二十一条 申请商标注册的，应当按规定的商品分类表填报使用商标的商品类别和商品名称。

商标注册申请等有关文件，可以以纸质书面方式或者电子方式提出。以纸质书面方式提出的，应当打字或者印刷。

第二十二条 商标注册申请人在不同类别的商品上申请注册同一商标的，应当按商品分类表提出注册申请。

通过一份申请就多个类别的商品申请注册同一商标的具体办法由国务院工商行政管理部门规定。

第二十三条 注册商标需要在核准使用范围之外的商品上使用的，应当另行提出注册申请。

第二十四条 注册商标需要改变其标志的，应当重新提出注册申请。

第二十五条 商标注册的申请日期，以商标局收到申请文件的日期为准。

第二十六条 在商标局做出初步审定公告前，申请人可以向商标局申请变更其名义、地址、代理人或者删减指定的商品，也可以申请转让其商标注册申请；变更商标注册人名义或者地址的申请提出后不可撤回。

第二十七条 商标注册申请人自其商标在外国第一次提出商标注册申请之日起六个月内，又在中国就相同商品以同一商标提出商标注册申请的，依照该外国同中国签订的协议或者共同参加的国际条约，或者按照相互承认优先权的原则，可以享有优先权。

依照前款要求优先权的，应当在提出商标注册申请的时候提出书面声明，并且在三个月内提交第一次提出的商标注册申请文件的副本；未提出书面声明或者逾期未提交商标注册申请文件副本的，视为未要求优先权。

第二十八条 商标在中国政府主办的或者承认的国际展览会展出的商品上首次使用的，自该商品展出之日起六个月内，该商标的注册申请人可以享有优先权。

依照前款要求优先权的，应当在提出商标注册申请的时候提出书面声明，并且在三个月内提交展出其商品的展览会名称、在展出商品上使用该商标的证据、展出日期等证明文件；未提出书面声明或者逾期未提交证明文件的，视为未要求优先权。

第二十九条 为申请商标注册所申报的事项和所提供的材料应当真实、准确、完整。

第三章 商标注册的审查和核准

第三十条 申请注册的商标，凡符合本法有关规定的，由商标局初步审定，予以公告。

第三十一条 申请注册的商标，凡不符合本法有关规定或者同他人在同一种商品或者类似商品上已经注册的或者初步审定的商标相同或者近似的，由商标局驳回申请，不予公告。

第三十二条 在审查程序中，商标局认为商标注册申请内容需要说明或者修正的，可以向申请人发送《审查意见书》，要求其自收到之日起三十日内做出说明或者修正。申请人逾期未做出答复的，不影响商标局做出决定。

第三十三条 两个或者两个以上的商标注册申请人，在同一种商品或者类似商品上，以相同或者近似的商标申请注册的，初步审定并公告申请在先的商标；同一天申请的，初步审定并公告使用在先的商标，驳回其他人的申请，不予公告。

第三十四条

（方案一）

申请商标注册不得损害他人现有的其他在先权利，也不得以不正当手段抢先注册他人已经使用并有一定影响的商标。

（方案二）

申请商标注册不得损害他人现有的其他在先权利，也不得以不正当手段抢先注册他人已经使用并有一定影响的商标。

申请商标在相同或者类似商品上与他人在中国在先使用的商标相同或者近似，申请人因与该他人间具有合同、业务往来、地域关系或其他关系而明知该他人商标存在的，不予注册。

申请注册的商标是抄袭他人在不相同或者不相类似商品上有较强显著性且具有一定影响的注册商标，容易导致混淆的，不予注册。

第三十五条 已经初步审定公告的商标，商标局发现有违反本法规定情形的，或者是以欺骗手段或者其他不正当手段申请注册的，可以在该商标获准注册前撤销初步审定公告。

第三十六条 对初步审定的商标，自公告之日起三个月内，在先权利人或者利害关系人认为违反本法第十三条、第十五条、第十六条、第三十一条、第三十三条、第三十四条规定的，可以向商标局提出异议。公告期满无异议的，予以核准注册，发给商标注册证，并予公告。

第三十七条 对驳回申请、不予公告、撤销初步审定公告的商标，商标局应当书面通知商标注册申请人。商标注册申请人不服的，可以自收到通知之日起三十日内向商标评审委员会申请复审，由商标评审委员会做出决定，并书面通知申请人。

当事人对商标评审委员会的决定不服的，可以自收到通知之日起三十日内向人民法院起诉。

第三十八条 对初步审定、予以公告的商标提出异议的，商标局应当听取异议人和被异议人陈述事实和理由，经调查核实后，做出是否准予注册的决定，并书面通知异议人和被异议人。

商标局做出准予注册决定的，发给被异议人商标注册证，并予以公告。异议人不服的，可以依照本法第四十八条的规定向商标评审委员会请求撤销该注册商标。

商标局做出不予注册决定，被异议人不服的，可以自收到通知之日起三十日内向商标评审委员会提出不予注册复审申请。对商标评审委员会的决定不服的，可以自收到决定之日起三十日内向人民法院起诉。人民法院应当通知异议人作为第三人参加诉讼。

第三十九条 当事人在法定期限内对商标局依照本法第三十八条的规定做出的不予注册决定不申请复审或者对商标评审委员会做出的复审决定不向人民法院起诉的，不予注册决定或者复审决定生效。

经审查异议不成立而准予注册的商标，商标注册申请人取得商标专用权的时间自初审公告三个月期满之日起计算。

第四十条 对商标注册申请和商标复审申请应当及时进行审查。

第四十一条 商标注册申请人或者注册人发现商标申请文件或者注册文件有明显错误的，可以申请更正。商标局依法在其职权范围内做出更正，并通知当事人。

前款所称更正错误不涉及商标申请文件或者注册文件的实质性内容。

第四章 注册商标的续展、变更、转让、移转和使用许可

第四十二条 注册商标的有效期为十年，自核准注册之日起计算。

第四十三条 注册商标有效期满，需要继续使用的，应当在期满前六个月内申请续展注册；在此期间未能提出申请的，可以给予六个月的宽展期。宽展期满仍未提出申请的，注销其注册商标。

每次续展注册的有效期为十年。

续展注册经核准后，予以公告。

第四十四条 注册商标需要变更注册人的名义、地址或者其他注册事项的，应当提出变更申请。变更商标注册人名义或者地址的申请提出后不可撤回。

变更商标注册人名义或者地址的，商标注册人应当将其全部注册商标一并变更；未一并变更的，由商标局通知其限期补正；期满不补正的，视为放弃变更申请，商标局应当书面通知申请人。

第四十五条 转让注册商标的，转让人和受让人应当签订转让协议，

并共同向商标局提出申请。受让人应当保证使用该注册商标的商品质量。

转让注册商标经核准后，予以公告。受让人自公告之日起享有商标专用权。

转让注册商标的，商标注册人对其在同一种或者类似商品上注册的相同或者近似的商标，应当一并转让；未一并转让的，由商标局通知其限期补正；期满不补正的，视为放弃转让该注册商标的申请，商标局应当书面通知申请人。

转让注册商标可能产生误认、混淆或者其他不良影响的，商标局不予核准，但应当书面通知申请人并说明理由。

第四十六条 注册商标专用权因转让以外的其他事由发生移转的，接受该注册商标专用权移转的当事人应当凭有关证明文件或者法律文书到商标局办理注册商标专用权移转手续。经商标局核准后，予以公告，受让人自公告之日起享有商标专用权。

注册商标专用权移转的，注册商标专用权人在同一种或者类似商品上注册的相同或者近似的商标，应当一并移转；未一并移转的，由商标局通知其限期补正；期满不补正的，视为放弃该移转注册商标的申请，商标局应当书面通知申请人。

第四十七条 商标注册人可以通过签订商标使用许可合同，许可他人使用其注册商标。许可人应当监督被许可人使用其注册商标的商品质量。被许可人应当保证使用该注册商标的商品质量。

经许可使用他人注册商标的，必须在使用该注册商标的商品上标明被许可人的名称和商品产地。

许可他人使用其注册商标的，许可人应当将其商标使用许可报商标局备案，由商标局公告。商标使用许可未经备案不得对抗善意第三人。

第五章 注册商标争议的裁定

第四十八条 已经注册的商标，违反本法第十条、第十一条、第十二条规定的，或者是以欺骗手段或者其他不正当手段取得注册的，由商标局撤销该注册商标；其他单位或者个人可以请求商标评审委员会裁定撤销该注册商标。

已经注册的商标，违反本法第十三条、第十五条、第十六条、第三十一条、第三十三条、第三十四条规定的，自商标注册之日起五年内，在先权利人或者利害关系人可以请求商标评审委员会裁定撤销该注册商标。对恶意注册的，驰名商标所有人不受五年的时间限制。

商标评审委员会收到裁定申请后，应当书面通知有关当事人，并限期提出答辩。

第四十九条 依照本法第四十八条的规定撤销的注册商标，其商标专用权视为自始即不存在。有关撤销注册商标的决定或者裁定，对撤销前人民法院做出并已执行的商标侵权案件的判决、裁定和工商行政管理部门做出并已执行的商标侵权案件的处理决定以及已经履行的商标转让或者使用许可合同不具有追溯力；但是，因商标注册人恶意给他人造成的损失，应当给予赔偿。

依照前款规定不返还商标侵权赔偿金、商标使用费、商标转让费明显违反公平原则的，应当全部或者部分返还。

第五十条 商标评审委员会做出维持或者撤销注册商标的裁定后，应当书面通知有关当事人。

当事人对商标评审委员会的裁定不服的，可以自收到通知之日起三十日内向人民法院起诉。人民法院应当通知商标裁定程序的对方当事人作为第三人参加诉讼。

第六章 商标使用的管理

第五十一条 本法所称商标的使用，是指为生产、经营目的将商标用于商品、商品包装或者容器以及商品交易文书上，或者将商标用于广告宣传、展览以及其他商业活动中，足以使相关公众认为其作为商标使用的行为。

第五十二条 使用注册商标，有下列行为之一的，由商标局责令限期改正或者撤销其注册商标：

（一）自行改变注册商标的；

（二）自行改变注册商标的注册人名义、地址或者其他注册事项的；

（三）自行转让注册商标的；

（四）连续三年停止使用的。

第五十三条 使用注册商标，其商品粗制滥造，以次充好，欺骗消费者的，由工商行政管理部门分别不同情况，责令限期改正，并可以予以通报或者处以罚款，或者由商标局撤销其注册商标。

第五十四条 依照本法第五十二条、第五十三条的规定被撤销的注册商标，由商标局予以公告；该注册商标专用权自商标局的撤销决定做出之日起终止。

第五十五条 注册商标被撤销的或者期满不再续展的，自撤销或者注销之日起一年内，商标局对他人与该商标相同或者近似的商标注册申请，不予核准。但该注册商标因连续三年停止使用被撤销的除外。

第五十六条 违反本法第六条规定的，由地方工商行政管理部门责令限期申请注册，可以并处罚款。

第五十七条 使用未注册商标，有下列行为之一的，由地方工商行政管理部门予以制止，限期改正，并可以予以通报或者处以罚款：

（一）冒充注册商标的；

（二）违反本法第十条规定的；

（三）粗制滥造，以次充好，欺骗消费者的。

第五十八条 对商标局撤销注册商标的决定，当事人不服的，可以自收到通知之日起三十日内向商标评审委员会申请复审，由商标评审委员会做出决定，并书面通知申请人。

当事人对商标评审委员会的决定不服的，可以自收到通知之日起三十日内向人民法院起诉。

第五十九条 对工商行政管理部门根据本法第五十二条、第五十三条、第五十六条、第五十七条的规定做出的处罚决定，当事人不服的，可以自收到处罚决定之日起两个月内，向人民法院起诉；期满不起诉又不履行的，由做出处罚决定的工商行政管理部门申请人民法院强制执行。

第七章 注册商标专用权的保护

第六十条 注册商标的专用权，以核准注册的商标和核定使用的商品为限。

第六十一条 有下列行为之一的，均属侵犯注册商标专用权：

（一）未经商标注册人的许可，在同一种商品或者类似商品上使用与其注册商标相同或者近似的商标的；

（二）销售侵犯注册商标专用权的商品的；

（三）伪造、擅自制造他人注册商标标识或者销售伪造、擅自制造的注册商标标识的；

（四）未经商标注册人同意，更换其注册商标并将该更换商标的商品又投入市场的；

（五）在同一种或者类似商品上，将与他人注册商标相同或者近似的标志作为商品名称或者商品装潢使用，误导公众的；

（六）故意为侵犯他人商标专用权行为提供仓储、运输、邮寄、隐匿等便利条件的；

（七）给他人的注册商标专用权造成其他损害的。

第六十二条 将他人驰名商标作为企业名称中的字号使用，可能欺骗公众或者对公众造成误解的，商标所有人可以向人民法院起诉，也可以请求省级以上工商行政管理部门处理，要求责令停止使用该企业名称或者责令办理企业名称变更登记。

第六十三条 注册商标中含有的下列内容，注册商标专用权人无权禁止他人正当使用：

（一）本商品的通用名称、图形、型号；

（二）直接表示商品的质量、主要原料、功能、用途、重量、数量及其他特点的内容；

（三）地名；

（四）商品自身的性质产生的形状；

（五）为获得技术效果而需要的商品形状；

（六）使商品具有实质性价值的形状。

第六十四条 有本法第六十一条所列侵犯注册商标专用权行为之一，引起纠纷的，由当事人协商解决；不愿协商或者协商不成的，商标注册人或者利害关系人可以向人民法院起诉，也可以请求工商行政管理部门处理。工商行政管理部门处理时，认定侵权行为成立的，可以责令立即停止侵权行为，没收、销毁侵权商品和专门用于制造侵权商品、伪造注册商标标识的工具，并可处以罚款。对五年内实施两次以上商标侵权行为的，应当从重处罚。当事人对处理决定不服的，可以自收到处理通知之日起两个月内依照《中华人民共和国行政诉讼法》向人民法院起诉；侵权人期满不起诉又不履行的，工商行政管理部门可以申请人民法院强制执行。进行处理的工商行政管理部门根据当事人的请求，可以就侵犯商标专用权的赔偿数额进行调解；调解不成的，当事人可以依照《中华人民共和国民事诉讼法》向人民法院起诉。

第六十五条 对侵犯注册商标专用权的行为，工商行政管理部门有权依法查处；涉嫌犯罪的，应当及时移送司法机关依法处理。

第六十六条 县级以上工商行政管理部门根据已经取得的违法嫌疑证据或者举报，对涉嫌侵犯他人注册商标专用权的行为进行查处时，可以行使下列职权：

（一）询问有关当事人，调查与侵犯他人注册商标专用权有关的情况；

（二）查阅、复制当事人与侵权活动有关的合同、发票、账簿以及其他有关资料；

（三）对当事人涉嫌从事侵犯他人注册商标专用权活动的场所实施现场检查；

（四）检查与侵权活动有关的物品；对有证据证明是侵犯他人注册商标专用权的物品，可以查封或者扣押。

工商行政管理部门依法行使前款规定的职权时，当事人应当予以协助、配合，不得拒绝、阻挠。

工商行政管理部门可以根据可能影响案件处理结果的具体情况中止案件的查处。

第六十七条 侵犯商标专用权的赔偿数额，按照权利人因被侵权所受到的实际损失确定；实际损失难以确定的，按照侵权人因侵权所获得的利益确定。赔偿数额应当包括权利人为制止侵权行为所支付的合理开支。

前款所称权利人因被侵权所受到的实际损失，或者侵权人因侵权所获得的利益难以确定的，由人民法院根据侵权行为的情节判决给予一百万元以下的赔偿。

销售不知道是侵犯注册商标专用权的商品，能证明该商品是自己合法取得的并说明提供者的，不承担赔偿责任。

注册商标专用权人请求赔偿时，应当提供此前三年内使用该注册商标的证据和其他相关证据。

第六十八条 商标注册人或者利害关系人有证据证明他人正在实施或者即将实施侵犯其注册商标专用权的行为，如不及时制止将会使其合法权益受到难以弥补的损害的，可以在起诉前向人民法院申请采取责令停止有关行为的措施。

申请人提出申请时，应当提供担保；不提供担保的，驳回申请。

人民法院应当自接受申请之时起四十八小时内做出裁定；有特殊情况需要延长的，可以延长四十八小时。裁定责令停止有关行为的，应当立即执行。当事人对裁定不服的，可以申请复议一次；复议期间不停止裁定的执行。

申请人自人民法院采取责令停止有关行为的措施之日起十五日内不起诉的，人民法院应当解除该措施。

申请有错误的，申请人应当赔偿被申请人因停止有关行为所遭受的损失。

第六十九条 为制止侵权行为，在证据可能灭失或者以后难以取得的情况下，商标注册人或者利害关系人可以在起诉前向人民法院申请保全证据。

人民法院接受申请后，必须在四十八小时内做出裁定；裁定采取保全措施的，应当立即开始执行。

人民法院可以责令申请人提供担保，申请人不提供担保的，驳回申请。

申请人在人民法院采取保全措施后十五日内不起诉的，人民法院应当解除保全措施。

第七十条 未经商标注册人许可，在同一种商品上使用与其注册商标相同的商标，构成犯罪的，除赔偿被侵权人的损失外，依法追究刑事责任。

伪造、擅自制造他人注册商标标识或者销售伪造、擅自制造的注册商标标识，构成犯罪的，除赔偿被侵权人的损失外，依法追究刑事责任。

销售明知是假冒注册商标的商品，构成犯罪的，除赔偿被侵权人的损失外，依法追究刑事责任。

第七十一条 从事商标注册、管理和评审工作的国家机关工作人员必须秉公执法，廉洁自律，忠于职守，文明服务。

商标局、商标评审委员会以及从事商标注册、管理和评审工作的国家机关工作人员不得从事商标代理业务和商品生产经营活动。

第七十二条 工商行政管理部门应当建立健全内部监督制度，对负责商标注册、管理和评审工作的国家机关工作人员执行法律、行政法规和遵守纪律的情况，进行监督检查。

第七十三条 从事商标注册、管理和评审工作的国家机关工作人员玩忽职守、滥用职权、徇私舞弊，违法办理商标注册、管理和评审事项，收受当事人财物，牟取不正当利益，构成犯罪的，依法追究刑事责任；尚不构成犯罪的，依法给予处分。

第八章 附 则

第七十四条 申请商标注册和办理其他商标事宜的，应当缴纳费用，具体收费项目和标准由国务院财政部门、价格主管部门会同国家工商行政管理部门规定并公布。

第七十五条 本法自1983年3月1日起施行。1963年4月10日国务院公布的《商标管理条例》同时废止；其他有关商标管理的规定，凡与本法抵触的，同时失效。

本法施行前已经注册的商标继续有效。

《最新法律文件解读》丛书
稿　约

为更好地服务司法与行政执法工作，加强法制宣传，提高司法与行政执法能力，人民法院出版社2005年起正式出版《最新法律文件解读》丛书。

欢迎您向以下栏目赐稿：

【最新法律文件解读】主要是对最新颁行的法律文件进行解读，帮助司法和执法人员正确理解法律文件的立法背景、意义、重点内容、在适用中应注意的问题、与相关法律文件的衔接与互动关系等等。

【司法工作热点问题研究】主要刊登对司法理论、实务及司法管理工作中的热点、疑难问题进行研究及评论的文章。

【新类型疑难案例选评】主要是对司法和行政执法实践中具有典型性和代表性的疑难案例，结合具体案情以及审理或处理结果进行简练精辟的点评，解析认识问题的方法、处理问题的法律依据和在个案中的具体适用。每篇点评文章一般在两三千字左右为宜，并拟出点评题目。

【法学前沿与新视点】以摘要的形式刊登相关法学理论研究的最新动态及具有代表性和典型性的前沿问题，扩展法学研究的深度和广度。

【法律适用热点、疑点、难点问题解答】主要针对司法和行政执法实践中面临的新问题、热点问题、疑难问题进行简要地解答，指出涉及的法律关系，明确法律适用依据。

稿件一经刊用，即付稿酬，稿酬从优。

《刑事法律文件解读》　兰丽专　邮箱：lanlizhuan@sohu.com
《民事法律文件解读》　肖瑾璟　邮箱：courtbook@163.com
《行政与执行法律文件解读》　姜　峤　邮箱：jiang9919@126.com
《商事法律文件解读》　姜　峤　邮箱：jiang9919@126.com

人民法院出版社
《最新法律文件解读》丛书编辑部

❈欢迎订阅❈

人民法院出版社 2012 年连续出版物

《中国审判指导》丛书

1.《民事审判指导与参考》

奚晓明主编，最高人民法院民一庭编。全年 4 辑，每辑 38 元，共 152 元。

2.《商事审判指导》

奚晓明主编，最高人民法院民二庭编。全年 4 辑，每辑 38 元，共 152 元。

3.《立案工作指导》

苏泽林、景汉朝主编，最高人民法院立案一庭、立案二庭编。全年 4 辑，每辑 38 元，共 152 元。

4.《审判监督指导》

江必新主编，最高人民法院审监庭编。全年 4 辑，每辑 38 元，共 152 元。

5.《知识产权审判指导》

奚晓明主编，最高人民法院民三庭编。全年 2 辑，每辑 38 元，共 76 元。

6.《涉外商事海事审判指导》

万鄂湘主编，最高人民法院民四庭编。全年 2 辑，每辑 38 元，共 76 元。

7.《中国少年司法》

张军主编，最高人民法院少年法庭工作办公室编。全年 4 辑，每辑 38 元，共 152 元。

《最新法律文件解读》丛书

共 4 种：《刑事法律文件解读》、《民事法律文件解读》、《商事法律文件解读》、《行政与执行法律文件解读》，每种每月 1 辑，每辑 16 元，每辑全年 192 元。

《判解研究》，王利明教授主编，中国人民大学民商事法律科学研究中心主办。全年 4 辑，每辑 38 元，共 152 元。

《刑事法判解研究》，赵秉志教授主编，北京师范大学刑事法律科学研究院主办。全年 4 辑，每辑 38 元，共 152 元。

《司法文件选》，最高人民法院研究室编，每辑 3.9 元，全年 12 辑，共 46.8 元。

《民商审判资料选读》，最高人民法院民二庭编。全年 4 辑，每辑 4 元，共16 元。

《民商审判文件选编》，最高人民法院民二庭编。全年 6 辑，每辑 3.5 元，共 21 元。

银行汇款方式：
开户银行：工行王府井金街支行
账号：0200000709004606170
开户名称：人民法院出版社
传真：010 - 67550551

邮局汇款方式：
邮编：100745
地址：北京市东城区东交民巷 27 号
联系人：人民法院出版社发行部
咨询电话：010 - 67550558　67550548

上述图书，邮购请加 15% 邮费。